LAROUSSE
Gastrología

Las mejores recetas para cada signo zodiacal

LAROUSSE
Gastrología

Las mejores recetas para cada signo zodiacal

Chef Azari Cuenca Maitret

LAROUSSE

DIRECCIÓN EDITORIAL
Tomás García Cerezo

COORDINACIÓN EDITORIAL
Verónica Rico Mar

COORDINACIÓN DE CONTENIDOS
Gustavo Romero Ramírez

ASISTENCIA EDITORIAL
Irving Sánchez Ruiz

COORDINADOR DE ORIGINALES
Erik Ochoa Muñoz

ASISTENTE DE COORDINADOR DE ORIGINALES
Tania Caldiño Díaz

CORRECCIÓN DE FORMATO
Adolfo Tomás López Sánchez

FOTOGRAFÍA
Alberto Venegas

ESTILISMO DE ALIMENTOS
Azari Cuenca Maitret

VAJILLA
Cortesía de Latin Hotel / Pauline Beier y Juergen Beier

DISEÑO Y FORMACIÓN
Pedro Molinero / Quinta del Agua Ediciones, S.A. de C.V.

DISEÑO DE PORTADA
Ediciones Larousse S.A. de C.V., con la colaboración de Nice Montaño Kunze

FOTOGRAFÍA COMPLEMENTARIA
Shutterstock.com

ASESORA ASTROLÓGICA
Kala Ruiz

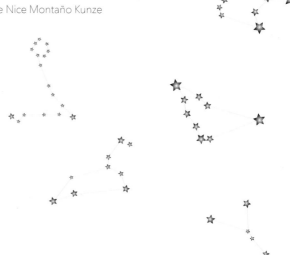

Primera edición
©2015 Ediciones Larousse, S.A. de C.V.
Renacimiento 180,
Colonia San Juan Tlihuaca, Delegación
Azcapotzalco, C.P. 02400, México, D.F.

ISBN 978-607-21-1114-1

Esta obra se terminó de imprimir el mes de agosto del año 2015
en los talleres de: Diversidad Gráfica S.A. de C.V,
Privada de Av. 11 #4-5, Col. El Vergel, Del. Iztapalapa, C.P. 09880,
México, D.F., 5426-6386, 2596-8637

PRESENTACIÓN

A lo largo de la historia las culturas han creado distintas maneras para entender y explicarse el mundo en el que viven. Así, han surgido grandes grupos de pensadores que con sus formas de vida han influenciado a los que les rodearon, de forma tal que su legado ha perdurado hasta nuestros días. Uno de ellos es la astrología, práctica milenaria que ha estado presente en grandes civilizaciones, como la mesopotámica, china, griega, romana, árabe y maya, por mencionar algunas, que con la premisa de explicar y significar la vida de cada individuo o de las comunidades mediante su relación con los astros, ha obtenido reconocimiento y prestigio entre sus seguidores. Actualmente la relación de la humanidad con los astros se interpreta de muy diversas formas, ya sea desde el lado científico o desde el empírico, como en el zodiaco que se practica en Occidente o en el zodiaco chino, ambos referentes para miles de personas en el mundo.

Este libro presenta la relación de la astrología con la comida, algo poco usual pero necesario para quienes siguen los preceptos de la astrología, porque, ¿qué comer de acuerdo con cada signo? ¿Qué ingredientes se deben evitar? ¿Cuáles son los elementos que rigen cada signo del zodiaco y cómo se relacionan con la comida? Todo ello es abordado en este libro por Azari Cuenca, apoyado de la visión astrológica de Kala Ruiz, quien logra ofrecernos platillos de inspiración personal que cumplen con postulados de la astrología occidental sin perder de vista el equilibrio de ingredientes y sabores. Una amalgama indispensable para los apasionados por la astrología y el placer de comer. Cada receta está acompañada de antojables fotografías que le ayudarán a saborear en papel lo que podrá degustar si el deseo de elaborarlas lo atrapan.

Experimente el zodiaco mediante la comida para obtener una relación armoniosa entre los astros y el placer de cocinar y comer, ya sea para usted mismo o para cualquiera a quien desee demostrar su afecto.

LOS EDITORES

INTRODUCCIÓN

La idea inicial de este proyecto era encontrar una manera novedosa y entretenida para que las personas tomaran conciencia de la forma en que tomamos los alimentos de la naturaleza y cómo nos hemos desapegado del vínculo con la Madre Tierra y el sentido de compartir. Con el tiempo, tal idea fue delineándose hasta llegar a la unión de gastronomía con astrología. Así, mediante *Gastrología* se pretende volver a establecer el vínculo mágico que existe entre los comensales, la comida y quien la elabora, para que cada plato sea mucho más que un simple elemento que cumpla la función fisiológica de alimentar.

El concepto gastrología no es algo nuevo; ya en el pasado, alquimistas, cocineros e incluso médicos han planteado la conexión entre los signos y los alimentos, buscando establecer una correlación para lograr un sistema de alimentación sano de acuerdo con las características de las personas y su signo. Ya que los signos parten de los ciclos anuales de la naturaleza, como individuos somos parte de ese orden desde el día que nacemos.

Las recetas de este libro buscan lograr la armonía a través del uso de los ingredientes más acordes con cada signo zodiacal. Para ello, se solicitó la asesoría de Kala Ruiz, amiga y reconocida especialista en temas de astrología y tarot, quien aportó sus conocimientos para sentar las bases teóricas de este libro. Cabe destacar que las recetas no las catalogamos como un sistema o método de dieta a seguir, sino como una guía que parte de los conocimientos de la astrología.

Las recetas están basadas en mis más de 25 años de experiencia en la cocina, un mérito fundamentado en el apoyo, la tradición y la experiencia que han dejado en mí los grandes chefs, así como mi madre, mis tías, mayoras, cocineras y cocineros tradicionales, quienes además de enseñarme técnica, me enseñaron a usar el ingrediente mágico: el amor.

Espero que este libro, además de brindar recetas deliciosas, logre que el lector voltee a ver las estrellas y se pregunte qué tantas maravillas tiene el universo por descubrir para cada uno de nosotros.

CHEF AZARI CUENCA MAITRET

AGRADECIMIENTOS

Mi agradecimiento comienza con la gente que creyó en mí desde que tomé a temprana edad un sartén, porque con sus exigencias despertaron mi espíritu de superación e hicieron de mí lo que actualmente soy.

A todos los maestros que me han dejado un aprendizaje lleno de paciencia y amor para la realización del presente trabajo; sobre todo a mis guías y maestros Juan Mari Arzak y Ricardo Liaño.

A mis hijas Mia y Taiz, las mujeres que me regresan al inicio y me enseñan a transformar lo ordinario en algo extraordinario con sus cuestionamientos y amor.

A mi esposa Paola y a mi hijo Nicolás, por ser mi fuerza de amor puro e incondicional y mi inspiración.

A mi madre, por amarme, apoyarme y ser mi guía en cada paso.

A mis hermanos Julio, Jessika, Ivette, Erika y Maya, que siendo todos tan diferentes, otorgan un matiz precioso a mi vida.

A toda mi familia, incluidos a mis amigos que he escogido como hermanos. Sin ustedes no sería lo mismo.

A Erik Ochoa y Tania Caldiño por siempre creer en mis locuras, apoyarlas y ayudarme a plasmarlas. Gracias, amigos.

A todas las personas que han participado en la realización de este libro, en especial a Pauline y Juergen Beier, y desde luego a mi Tía Julie, mi astróloga de cabecera.

SUMARIO

¿ASTROLOGÍA Y GASTRONOMÍA?

La palabra *gastrología* puede parecer confusa y abarcadora; sin embargo, el término es sólo la suma de dos palabras: astrología y gastronomía. La astrología es la disciplina que estudia e interpreta los astros como un arte predicador del destino, mientras que la gastronomía hace referencia a las artes de la buena mesa y del buen comer.

Con base en los conocimientos que aportan estas dos disciplinas, la gastrología se basa en saber cómo combinar ambas para que el cocinero o ama de casa pueda utilizar determinados alimentos y elaborar ciertas preparaciones. Según el signo zodiacal de la persona a la cual se le esté cocinando, el cocinero puede lograr fácilmente un plato que le sea adecuado.

El sistema zodiacal está basado en los ciclos de los planetas durante su movimiento anual con relación al Sol; a través de este ciclo se pueden observar los doce signos, casas o constelaciones zodiacales, las cuales son recorridas por el Sol a lo largo del año: aries, tauro, géminis, cáncer, leo, virgo, libra, escorpión, sagitario, capricornio, acuario y piscis.

El ciclo zodiacal, además de estar relacionado con los astros, también lo está con las estaciones del año y con los cuatro elementos que logran la vida en el planeta: tierra, agua, fuego y aire. Éstos influyen y se interconectan con la vida tanto de personas, plantas, animales y todo aquello que conforma el mundo. De esta manera, todos los elementos se conjugan en cantidad y momento exacto, creando un ciclo virtuoso que forma productos perfectos y complejos como los alimentos que comemos. Los seres humanos los transformamos mediante la cocina para llevarlos a un nuevo sistema donde aportarán sus cualidades y conformarán un plato terminado.

A partir de este punto se puede entender el principio básico de la gastrología. Cada signo posee elementos e ingredientes que le son más afines de acuerdo con el ciclo en el que coinciden; éstos se pueden combinar magistralmente en una serie de recetas, como las sugeridas a manera de ejemplo en este libro.

Otros dos ejes base de la gastrología son el cocinar con amor y cariño. Es importante porque la energía se transmite mediante los alimentos y el hacerlo sólo con técnica y conocimiento hará que sus comensales no logren disfrutar de la exquisitez de los alimentos. También se debe procurar compartir el placer de la comida con nuestros seres queridos, ya que eso hará que todos se sientan reconfortados y satisfechos en cuerpo y alma.

ELEMENTOS DE LOS SIGNOS

Los signos del zodiaco están distribuidos entre los cuatro elementos, los cuales determinan gustos y preferencias que influyen en la alimentación. Además, cada uno de ellos tiene influencia en el desarrollo, cuidado y fortalecimiento de ciertos órganos del cuerpo que son importantes para nuestro desempeño cotidiano.

TIERRA
(TAURO, VIRGO Y CAPRICORNIO)

Es el primer elemento en el círculo de la energía; de la tierra provenimos y a ella debemos regresar. Es el elemento de la nutrición, de la seguridad, la protección, la estabilidad y la disciplina. Es la Madre Tierra la que nos provee de alimentos que de su suelo nacen, crecen y florecen.

Trabajar con la tierra implica paciencia para esperar el momento en que las cosas surjan. Los bosques, las selvas, las playas y los desiertos no se formaron en un solo día; el crecimiento requiere de tiempo, constancia y perseverancia. Cuando nuestro interior lo conectamos con la tierra, creamos un espacio fértil, pacífico y seguro en nuestra alma.

La tierra es un oasis en medio de la confusión: un lugar al cual poder acudir cada vez que se necesite un poco de seguridad, alimento y estabilidad o para escaparnos momentáneamente de la rapidez y las exigencias de la vida ajetreada.

CORRESPONDENCIAS DE LA TIERRA
CON LOS SIGNOS ASTROLÓGICOS

Estación: invierno.
Dirección: norte.
Sentidos: oído, tacto y olfato.
Colores: verde y café.
Herramientas: sal y arena.
Instrumentos musicales: tambores y todo tipo de percusiones.
Piedras: ágata, azabache, jaspe verde, ojo de gato, turquesa y turmalinas verde
    y negra.
Metal: plomo.
Árboles sagrados: fresno, olmo, ciprés, madreselva y espino.
Animales: araña, perro, caballo, gusano, vaca y roedores.
Hierbas y plantas: alfalfa, algodón, artemisa, avena, cebada, centeno, helecho,
    maíz, membrillo, pachulí, trigo y verbena.

AGUA
(CÁNCER, ESCORPIÓN Y PISCIS)

Es el elemento de los sentimientos, las emociones, el amor, los sueños, el inconsciente y el poder de la intuición. El agua nos habla del corazón del ser humano: deseos y temores ocultos, la inspiración espiritual, la meditación, los estados de trance y la imaginación creativa. Trabajar con el elemento agua nos permite aclarar nuestros pensamientos, dejar fluir las ideas y soñar despiertos.

Trabajar con el agua es atreverse a sumergirse dentro de uno mismo y descubrir lo que hay en el fondo de nuestro corazón; es dejarnos llevar por la intuición y percibir los sutiles cambios de la naturaleza. La literatura, los cuentos, la pintura y la comida nos ayudan a entrar en contacto con el elemento agua, percibiendo la realidad de diferentes maneras.

El agua en la cocina nos permite la trasmutación de los alimentos, tanto para su cocción como para la realización de caldos, sopas y salsas que nutren nuestro cuerpo y alma.

CORRESPONDENCIAS DEL AGUA CON LOS SIGNOS ASTROLÓGICOS

Estación: otoño.
Dirección: oeste.
Sentidos: oído, tacto y gusto.
Colores: azul y plateado.
Herramientas: copa, cáliz, aceites rituales, espejo, conchas y caldero.
Instrumentos musicales: palos de agua, platillos, instrumentos de bambú.
Piedras: aguamarina, turmalina azul, cuarzo blanco o transparente, amatista, coral, perla, piedra de la luna y lapislázuli.
Metales: mercurio y plata.
Árboles sagrados: sauce, saúco, tejo, vid y manzano.
Animales: gato, rana, tortuga, peces, ballena, caballo de mar y víbora de mar.
Hierbas y plantas: alcanfor, aloe, manzanilla, calabaza, cereza, ciruela, coco, eucalipto, frambuesa, fresa, jazmín, limón, margarita, melisa, menta, mirra, musgo, nardo, orquídea, papaya, pensamiento, pera, rosa, sándalo, tamarindo, tomate, tomillo, vainilla, valeriana, verdolaga, violeta, violeta africana, zarzamora.

AIRE
(GÉMINIS, LIBRA Y ACUARIO)

El elemento aire es el encargado del pensamiento, la inteligencia y la palabra; inspira, aconseja y agudiza nuestra mente. Los grandes descubrimientos, inventos y creaciones musicales fueron inspirados por este elemento. Su vehículo son los vientos, las fragancias y las notas musicales.

El aire nos evoca recuerdos y nos lleva a encontrar nuevas realidades. Es el elemento de las ideas, la elocuencia, la comunicación verbal y escrita. Todo cuanto existe en el mundo tuvo que ser pensado primero, para posteriormente en el plano físico cobrar vida.

Trabajar con el elemento aire nos permite aclarar nuestros pensamientos, dejar fluir las ideas y soñar despiertos.

CORRESPONDENCIAS DEL AIRE CON LOS SIGNOS ASTROLÓGICOS

Estación: primavera.
Dirección: este.
Sentidos: oído y tacto.
Color: amarillo.
Herramientas: incienso, aceites, fragancias, campana y vara.
Instrumentos musicales: todos los de viento.
Piedras: cornalina, sardónice, calcedonia, jaspe moteado, mica y venturina.
Metales: aluminio y estaño.
Árboles sagrados: pino, olmo, muérdago y avellano.
Animales: todas las aves.
Hierbas y plantas: acacia, almendra, anís, arroz, benjuí, diente de león, espliego, helecho, hierbabuena, mejorana, menta, mora, nuez, perejil, ruda, salvia, tila, tomillo y trébol.

FUEGO
(ARIES, LEO Y SAGITARIO)

El elemento fuego brinda fuerza, valentía, coraje y pasión por la vida. Es la energía en acción que nos motiva cada mañana a comenzar el día. El fuego interior nos impulsa a buscar nuevos caminos, enfrentar retos y correr riesgos.

Trabajar con el fuego nos hace sentir vigorosos, entusiastas, optimistas y creativos. La danza activa del elemento nos conecta con la alegría de vivir y con la fuerza interna. El fuego puede convertirse en una experiencia avasalladora, arrebatada y desenfrenada.

La naturaleza inesperada del fuego nos impulsa a guiarnos por nuestros instintos, actuar sin pensar y lanzarnos a la aventura sin medir las consecuencias.

El fuego interior se convertirá en una antorcha que nos guiará y nos llenará de valor y coraje cuando nos sintamos temerosos y confundidos, y nos reconfortará y reanimará a continuar cuando estemos exhaustos.

CORRESPONDENCIAS DEL FUEGO CON LOS SIGNOS ASTROLÓGICOS

Estación: verano.

Dirección: sur.

Sentidos: oído y tacto.

Color: rojo.

Herramientas: espada, velas, carbón y hoguera.

Instrumentos musicales: todos los de cuerda: guitarra, arpa, violín, etc.

Piedras: lava, obsidiana, ojo de tigre, ónice, pedernal, rubí, topacio, jaspe rojo y ámbar.

Metales: bronce y oro.

Árboles sagrados: serbal, fresno, espino, roble y pirul.

Animales: abeja, serpiente, camaleón, cocodrilo, iguana, oso y león.

Hierbas y plantas: ajo, albahaca, amaranto, azafrán, caléndula, canela, acebo, cedro, cebolla, clavel, clavo, comino, crisantemo, cilantro, eneldo, enebro, girasol, granada, heliotropo, higo, hinojo, hierba de San Juan, hinojo, laurel, mandrágora, menta, mostaza, naranja, nuez moscada, pimienta, rábano, romero, tabaco, árbol del té y zarzaparrilla.

ASCENDENTE EN LA ASTROLOGÍA

Muchas veces la descripción del carácter de un signo varía ligeramente con la persona; esto se debe a la influencia del ascendente o signo lunar.

El ascendente forma parte del desarrollo de nuestra personalidad, retroalimenta las características de nuestro signo zodiacal y nos ayuda a revelar cómo somos percibidos por nuestros seres cercanos. También nos da a conocer el tipo de energía que fortalece nuestro cuerpo y que influye también en nuestra alimentación y desarrollo físico.

El ascendente no está determinado por el signo en el que se haya nacido, sino por la hora en que se nació. Por ejemplo, si dos bebés nacen el 15 de mayo, uno a las 3 de la tarde y el otro a la 1 de la mañana, su ascendente, y por tanto muchas otras características, será distinto.

Cabe destacar que muchos de los gustos culinarios se ven influenciados por el signo ascendente; sin embargo, se deben tener en cuenta las cuestiones culturales, geográficas, religiosas, entre otras.

Si bien los especialistas en la materia consideran que para identificar mejor el ascendente lo mejor es elaborar una carta natal personalizada, lo más práctico en esta obra es presentar una tabla que muestra la hora exacta de nacimiento y conocer así su ascendente.

ARIES	**TAURO**	**GÉMINIS**	**CÁNCER**	**LEO**	**VIRGO**
21 de marzo al 20 de abril	21 de abril al 21 de mayo	22 de mayo al 21 de junio	22 de junio al 23 de julio	24 de julio al 23 de agosto	24 de agosto al 23 de septiembre

Signo solar		HORA DE NACIMIENTO											
		6 a 8	8 a 10	10 a 12	12 a 14	14 a 16	16 a 18	18 a 20	20 a 22	22 a 24	0 a 2	2 a 4	4 a 6
Aries													
Tauro													
Géminis													
Cáncer													
Leo													
Virgo													
Libra													
Escorpión													
Sagitario													
Capricornio													
Acuario													
Piscis													

LIBRA	ESCORPIÓN	SAGITARIO	CAPRICORNIO	ACUARIO	PISCIS
24 septiembre al 23 de octubre	24 de octubre al 22 de noviembre	23 de noviembre al 21 de diciembre	22 de diciembre al 20 de enero	21 de enero al 19 de febrero	20 de febrero al 20 de marzo

ARIES
21 DE MARZO AL 20 DE ABRIL

Elemento. El fuego es su espíritu, el cual convierte a las personas nacidas bajo este signo en líderes natos. Son de temperamento arrebatado, impulsivos y energéticos, llevándolos a no temer a los riesgos o retos en la vida. Sin embargo, en el fondo son temerosos, aunque no se dejan intimidar, pues luchan por sus ideales y son determinados ante sus creencias.

Carácter. Las emociones a medias las dejan sólo para personas mesuradas, por lo que ven el amor como un todo o nada. Con los amigos son cálidos y cariñosos; no obstante, no necesitan de enormes grupos para divertirse. Aprovechan cada oportunidad para brillar, lo cual los hace destacar como profesionistas, tener cautivado al público y que los vean especiales y grandiosos.

Los arianos cuidan mucho de su cuerpo y alimentación; lucir impecables es parte de su personalidad.

Paladar. Su paladar se iguala a su temperamento: gustan de alimentos con sabores estimulantes, energéticos, impulsivos e incitadores, que les provoquen satisfacción y placer al comer; no tienen miedo de buscar nuevas sensaciones. Los sabores agridulces, picantes y calientes son sus preferidos. Si un aries se enamora del sabor de un alimento, hará todo lo que esté a su alcance para que sus conocidos lo disfruten igual que él.

Necesidades alimentarias. Los aries tienden a gastar mucha energía en el quehacer cotidiano; por tanto, su organismo requiere alimentos ricos en hierro y potasio, además del consumo de sales minerales.

Es importante que incluyan en su dieta verduras, como apio, alcachofa, perejil, espárrago, berenjena, lechuga y espinaca, además de frutas, como manzana, pera, naranja y plátano. Cabe destacar que son propensos a sufrir de terribles jaquecas, retención de líquidos y presión alta.

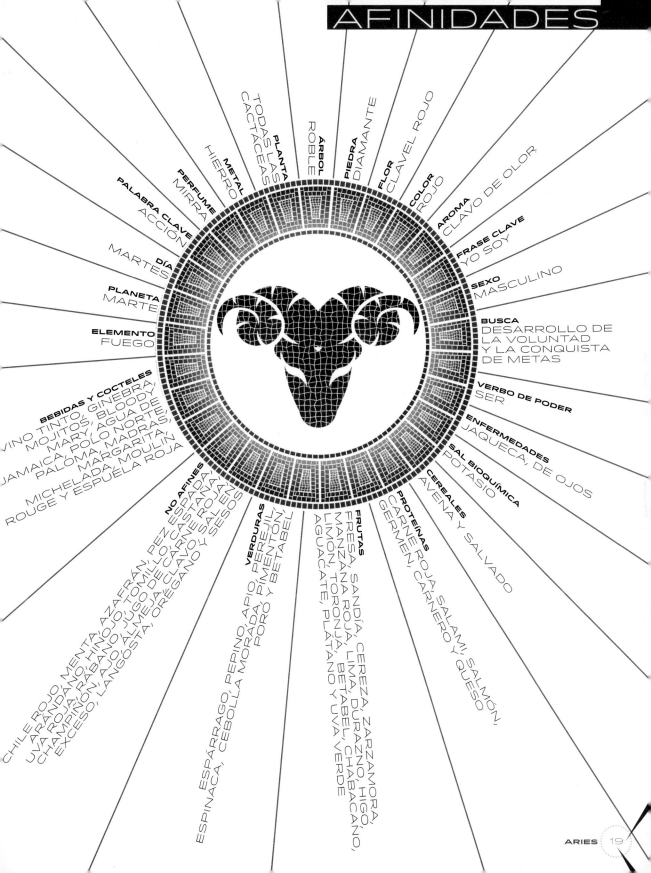

PLANTA
TODAS LAS CACTÁCEAS

ÁRBOL
ROBLE

PIEDRA
DIAMANTE

FLOR
CLAVEL ROJO

COLOR
ROJO

AROMA
CLAVO DE OLOR

FRASE CLAVE
YO SOY

SEXO
MASCULINO

BUSCA
DESARROLLO DE LA VOLUNTAD Y LA CONQUISTA DE METAS

VERBO DE PODER
SER

ENFERMEDADES
JAQUECA, DE OJOS

SAL BIOQUÍMICA
POTASIO

CEREALES
AVENA Y SALVADO

PROTEÍNAS
CARNE ROJA, SALAMI, SALMÓN, GERMEN, CARNERO Y QUESO

FRUTAS
SANDÍA, CEREZA, ZARZAMORA, FRESA, ROJA, LIMA, DURAZNO, HIGO, MANZANA, BETABEL, CHABACANO, LIMÓN, TORONJA, AGUACATE, PLÁTANO Y UVA VERDE

VERDURAS
PEREJIL, PIMENTÓN, PORO Y BETABEL

ESPÁRRAGO, PEPINO, APIO, MORADA, CEBOLLA
ESPINACA, CEBOLLA

NO AFINES
CHILE ROJO, MENTA, AZAFRÁN, PEZ ESPADA, UVA, ARÁNDANO, HINOJO, TOMILLO, JUGO DE CASTAÑA, UVA ROJA, RÁBANO, AJO, ALMEJA, CLAVO, CARNE ROJA, CHAMPIÑÓN, LANGOSTA, ORÉGANO Y SESOS, EXCESO, LANGOSTA, SAL EN

BEBIDAS Y COCTELES
VINO TINTO, GINEBRA, MOJITOS, BLOODY MARY, AGUA DE JAMAICA, POLO NORTE, PALOMA MADRAS, MARGARITA, MICHELADA, MOULIN ROUGE Y ESPUELA ROJA

ELEMENTO
FUEGO

PLANETA
MARTE

DÍA
MARTES

PALABRA CLAVE
ACCIÓN

PERFUME
MIRRA

METAL
HIERRO

ENSALADA
DE JITOMATES, MOZZARELLA Y JAMÓN SERRANO

INGREDIENTES

- 6 jitomates bola
- 2 tazas de queso tipo *mozzarella*, rallado
- 1 cucharada de aceite de maíz
- 10 rebanadas delgadas de jamón serrano
- ½ receta de melaza de balsámico (ver pág. 190)
- c/s de hojas de albahaca para decorar
- c/s de flores comestibles para decorar

PROCEDIMIENTO

1. Precaliente el horno a 180 °C.
2. Corte los jitomates en rodajas gruesas y resérvelas.
3. Distribuya las rodajas de jitomate en un refractario peque-ño de vidrio y espolvoree encima el queso tipo *mozzarella*. Hornee entre 5 y 10 minutos o hasta que el queso comien-ce a derretirse. Retire el refractario del horno y deje enfriar la preparación ligeramente.
4. Ponga sobre fuego bajo un sartén mediano con el aceite y fría las rebanadas de jamón serrano durante 5 minutos o hasta que estén crujientes.
5. Sirva la ensalada de jitomate tibia en platos individuales y coloque encima el jamón serrano. Bañe la ensalada con la melaza de balsámico y decórela con hojas de albahaca y flores comestibles.

CAMARONES
PÁPRIKA

INGREDIENTES

- 1 taza de aceite de oliva
- 4 dientes de ajos picados
- 24 camarones grandes sin pelar
- 4 cucharadas de páprika
- el jugo de 3 limones
- 4 cucharadas de brandy
- 1 aguacate partido en cubos chicos
- sal y pimienta negra molida, al gusto
- c/s de flores comestibles para decorar

PROCEDIMIENTO

1. Ponga sobre fuego medio-alto un sartén grande con el aceite de oliva y sofría el ajo junto con los camarones hasta que cambien a un color rojizo. Salpimiente y añada la páprika; mézclela bien.
2. Añada a los camarones el jugo de limón, tape el sartén y deje la preparación sobre el fuego durante 8 minutos.
3. Retire el sartén del fuego. Flamee los camarones con el brandy hasta que el alcohol se evapore. Deje enfriar la preparación ligeramente.
4. Sirva los camarones en un plato largo y acompáñelos con los cubos de aguacate. Decore con flores comestibles.

PESCADEO

INGREDIENTES

CEBOLLAS CAMBRAY ASADAS AL LIMÓN
- 12 cebollas cambray
- 3 cucharadas de aceite de oliva
- el jugo de 3 limones eureka
- sal y pimienta negra molida, al gusto

PESCADEO
- 4 filetes de mero
- 4 cucharadas de aceite de oliva
- 1 taza de vino blanco
- 2 cucharadas de almendras fileteadas
- 1 cebolla pequeña picada
- 4 jitomates deshidratados, picados + c/s en tiras para decorar
- ½ receta de caldo de pescado (ver pág. 189)
- sal y pimienta blanca molida, al gusto

PROCEDIMIENTO

CEBOLLAS CAMBRAY ASADAS AL LIMÓN
1. Barnice las cebollas con el aceite de oliva y salpiméntelas.
2. Caliente una parrilla a fuego medio-alto y ase las cebollas cambray durante 10 minutos o hasta que estén perfectamente doradas y cocidas. Retírelas del fuego y déjelas enfriar.
3. Ponga las cebollas en un plato y báñelas con el jugo de limón. Resérvelas.

PESCADEO
1. Salpimiente los filetes de mero.
2. Ponga sobre fuego medio-alto un sartén con la mitad del aceite y fría los filetes durante 2 minutos de cada lado para que se doren, pero sin que se cuezan en el centro. Retírelos del sartén y resérvelos.
3. Agregue al sartén el vino blanco y las almendras fileteadas. Tape el sartén, baje el fuego, y deje cocer durante 10 minutos o hasta que se evapore un poco el vino. Retire el sartén del fuego y deje enfriar la preparación.
4. Ponga sobre el fuego una cacerola mediana con el aceite restante y sofría en ella la cebolla durante 5 minutos. Añada los jitomates y continúe la cocción durante 3 minutos más. Licue cuidadosamente la preparación con la mitad del caldo de pescado hasta obtener una salsa homogénea. Regrese la salsa a la cacerola junto con el caldo de pescado restante y déjela reducir hasta que espese.
5. Sirva en platos individuales los filetes de pescado y báñelos con la salsa. Decórelos con las almendras fileteadas, las tiras de jitomate deshidratado y las cebollas cambray asadas.

ACOMPAÑE ESTE PLATILLO CON UNA COPA DE VINO BLANCO.

TALLARINES
CON SALSA DE SALMÓN
AL VODKA

INGREDIENTES

SALSA DE SALMÓN AL VODKA
- 1 cucharada de aceite de oliva
- 1 cebolla mediana picada
- 1 diente de ajo picado
- 1 trozo de salmón fresco de 150 g
- 1 caballito de vodka o 1½ onzas
- 2½ tazas de crema ácida
- sal y pimienta negra molida, al gusto

TALLARINES CON SALMÓN
- 400 g de tallarines
- 2 cucharadas de aceite de oliva
- 4 porciones de salmón de 200 g c/u
- sal de ajo al gusto
- pimienta negra molida, al gusto
- 1 rabo de cebolla cambray, partido en diagonal, para decorar
- c/s de flores comestibles para decorar

PROCEDIMIENTO

SALSA DE SALMÓN AL VODKA
1. Ponga sobre fuego bajo una cacerola mediana con el aceite y sofría la cebolla durante 5 minutos. Agregue el ajo y sofría durante 1 minuto más.
2. Retire la cacerola del fuego y añada el salmón junto con el vodka. Acerque cuidadosamente al interior de la cacerola la flama de un encendedor para flamear la preparación. Regrese la cacerola al fuego. Cuando el alcohol se haya evaporado, añada la crema y deje que la preparación hierva a fuego medio hasta que espese.
3. Licue la preparación hasta obtener una crema de textura espesa. Salpimiéntela al gusto y resérvela.

TALLARINES CON SALMÓN
1. Cueza los tallarines en suficiente agua con sal, según las indicaciones del empaque. Cuele los tallarines y colóquelos en un tazón grande; mézclelos con 1 cucharada de aceite de oliva para evitar que se peguen entre ellos.
2. Caliente en un sartén mediano la cucharada restante de aceite de oliva. Espolvoree las porciones de salmón con la sal de ajo y la pimienta negra y fríalas en el sartén durante 5 minutos por cada lado o hasta obtener el término deseado. Resérvelas. Caliente la salsa de salmón al vodka y mézclela con la pasta.
3. Sirva la pasta en un plato y distribuya encima los trozos de salmón. Decore con el germinado de betabel, el rabo de cebolla cambray y flores comestibles.

FILETE
SAN BLAS

INGREDIENTES

CASSÉE DE JITOMATE
- 250 g de jitomate
- 1 cucharada de aceite de oliva
- 1 diente de ajo picado
- ½ cebolla mediana picada
- 2 hojas de laurel
- 2 cucharadas de vino blanco
- sal al gusto

FILETE
- 1 cucharada de consomé de pollo en polvo
- 4 filetes de pescado blanco (huachinango, mero o robalo)
- ½ cebolla fileteada
- 2 ramas de apio troceadas
- 1 manojo de espinacas
- 45 g de mantequilla derretida
- 250 g de camarones medianos, pelados
- ½ taza de vino blanco
- 250 g de pulpo cocido
- c/s de flores comestibles para decorar
- c/s de germinado de amaranto para decorar
- sal al gusto

PROCEDIMIENTO

CASSÉE DE JITOMATE
1. Caliente una olla con agua suficiente para hervir los jitomates. Prepare un tazón con agua fría con hielos. Cuando el agua hierva, realice una incisión en forma de cruz en la parte inferior de los jitomates e introdúzcalos en el agua. Deje en el agua hirviendo por 20 segundos, retire los jitomates del agua, escúrralos y trasládelos al tazón con agua fría. Quíteles la piel y resérvelos.
2. Corte los jitomates por la mitad y retíreles las semillas. Corte la pulpa en cuadros pequeños y resérvela.
3. Ponga sobre fuego medio una cacerola con el aceite y sofría el ajo y la cebolla durante 5 minutos. Agregue las hojas de laurel, el vino blanco y el jitomate picado. Deje cocer la preparación durante 10 minutos o hasta que el jitomate se haya deshecho. Añada sal al gusto y reserve la preparación.

FILETE
1. Disuelva en 1 cucharada de agua el consomé de pollo. Barnice con éste los filetes de pescado por ambos lados.
2. Ponga sobre el fuego una olla con agua para cocer a baño María los filetes de pescado.
3. Corte papel aluminio en cuatro rectángulos grandes y unte cada uno con mantequilla. Coloque sobre éstos los camarones, la cebolla, el apio y las espinacas. Doble los rectángulos de aluminio en forma de sobre, dejando una abertura para verter el vino blanco y sal en cada uno de ellos. Después, ciérrelos perfectamente.
4. Cueza al vapor los empapelados de pescado durante 30 minutos. Retírelos del fuego y déjelos reposar.
5. Retire los filetes de pescado del papel aluminio y sírvalos en un plato extendido junto con el *cassée* de jitomate. Acompañe con el pulpo y decore con el germinado y las flores comestibles.

ENVUELTO
DE MANZANA

INGREDIENTES

SALSA DE LIMÓN
- 250 ml de crema para batir
- el jugo de 1 limón + su ralladura
- 1 yema
- 3 cucharadas de azúcar

ENVUELTO DE MANZANA
- 50 g de mantequilla
- 3 cucharadas de pasitas
- 3 cucharadas de nuez picada
- ½ cucharadita de canela molida
- 5 manzanas amarillas sin corazón, peladas y cortadas en cubos pequeños
- 3 cucharaditas de extracto de vainilla
- 3 cucharadas de azúcar + 1 cucharada para espolvorear
- c/s de harina de trigo
- 500 g de masa de hojaldre
- 1 yema
- 1 receta de crema montada (ver pág. 189)
- la ralladura de 1 limón
- c/s de frambuesas para decorar
- c/s de moras azules para decorar
- c/s de hojas de menta para decorar

PROCEDIMIENTO

SALSA DE LIMÓN
1. Coloque en un tazón la crema para batir, la ralladura y el jugo de limón, la yema y el azúcar. Bata todos los ingredientes hasta obtener una crema espesa de color amarillo. Resérvela en refrigeración.

ENVUELTO DE MANZANA
1. Ponga sobre fuego bajo un sartén con la mantequilla. Añada las pasitas, la nuez, la canela, los cubos de manzana, el extracto de vainilla y las 3 cucharadas de azúcar. Deje los ingredientes sobre el fuego durante 15 minutos o hasta que la preparación tenga una textura espesa. Retire el sartén del fuego y deje enfriar la preparación a temperatura ambiente.
2. Precaliente el horno a 180 °C.
3. Espolvoree una superficie de trabajo con harina, extienda en ella la pasta hojaldre y extiéndala con un rodillo hasta obtener un grosor de 5 milímetros. Distribuya la preparación de manzana sobre la pasta y enróllela sobre sí misma para cerrarla.
4. Barnice el rollo de pasta con la yema, espolvoree la cucharada de azúcar sobre éste y colóquelo en una charola para hornear con papel antiadherente.
5. Hornee el rollo de hojaldre durante 30 minutos. Retírelo del horno y déjelo enfriar a temperatura ambiente.
6. Sirva en el centro de platos individuales un espejo de salsa de limón, encima un trozo del envuelto de manzana, y un poco de crema montada. Decore con la ralladura de limón, frambuesas, moras y hojas de menta.

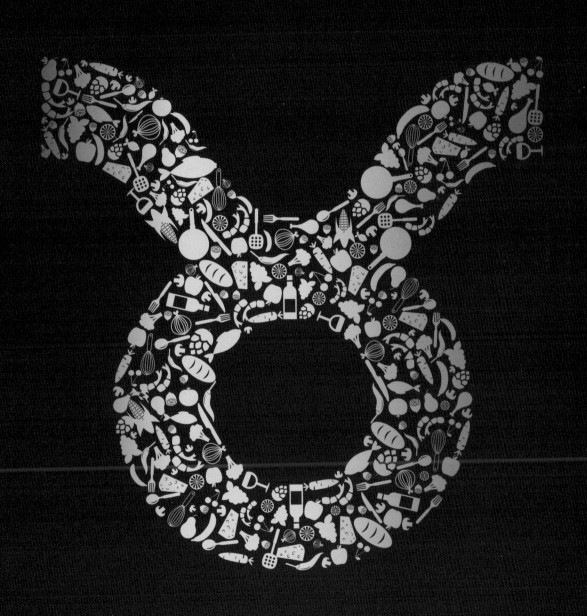

TAURO

21 DE ABRIL AL 21 DE MAYO

Elemento. La Madre Tierra es su espíritu, la cual despierta la principal cualidad de su signo: el control. Los nacidos bajo el signo de Tauro son personas fieles a sus emociones, ideas y acciones. Lo más complicado para ellos es luchar con su carácter difícil y poco flexible. Su mayor objetivo en la vida es encontrar estabilidad.

Carácter. Los tauro son personas que destacan por su firmeza y estabilidad. Prefieren la practicidad a lo complejo, saben trabajar en equipo y no temen en mostrar sus dotes artísticas. Son los mejores amigos que se puedan tener, pues la alegría y el afecto nunca faltan en ellos; no obstante, suelen ser parciales, posesivos y tercos si no están de acuerdo con sus amigos y pareja.

Paladar. Las personas de este signo son amantes de la buena mesa, cuentan con un paladar muy fácil de complacer. Todos los sabores y texturas dulces son su predilección. La rutina de su personalidad provoca que se deleiten con los alimentos que ya conocen, así que prefieren no arriesgar en sabores desconocidos. Sus sabores favoritos pueden inducirlos a excederse en la tentación de sus gustos.

Necesidades alimentarias. Un problema de los nacidos bajo este signo es que tienden al sobrepeso; por ello, se recomienda que limiten su consumo de carnes grasas, legumbres y huevo. Es ideal que realicen ejercicios de todo tipo para mantenerse en forma.

Los alimentos ricos en cobre, como mejillón, almeja, pasa, almendra, champiñón, chocolate y cacao son ideales para ellos, pues participan en el proceso del metabolismo, así como en el mantenimiento del sistema inmune.

Es importante que incluyan en su régimen alimenticio verduras y frutas, como cebolla, calabaza, espárrago, espinaca, lechuga, col, pepino, pimiento, jitomate, fresa, limón y níspero.

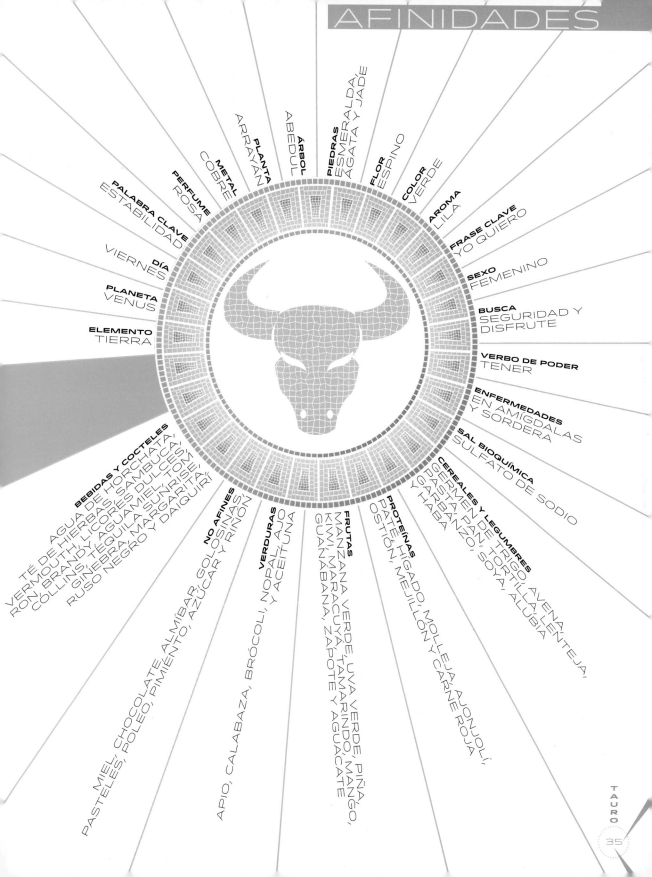

PLANTA
ARRAYÁN

ÁRBOL
ABEDUL

METAL
COBRE

PIEDRAS
ESMERALDA,
ÁGATA Y JADE

PERFUME
ROSA

FLOR
ESPINO

COLOR
VERDE

PALABRA CLAVE
ESTABILIDAD

AROMA
LILA

FRASE CLAVE
YO QUIERO

DÍA
VIERNES

SEXO
FEMENINO

PLANETA
VENUS

BUSCA
SEGURIDAD Y
DISFRUTE

ELEMENTO
TIERRA

VERBO DE PODER
TENER

ENFERMEDADES
EN AMÍGDALAS
Y SORDERA

SAL BIOQUÍMICA
SULFATO DE SODIO

BEBIDAS Y COCTELES
AGUA DE HORCHATA,
TÉ DE HIERBAS, SAMBUCA,
VERMOUTH, LICORES DULCES,
RON, BRANDY, AGUAMIEL, TOM
COLLINS, TEQUILA SUNRISE,
GINEBRA, MARGARITA,
RUSO NEGRO Y DAIQUIRÍ

CEREALES Y LEGUMBRES
GERMEN DE TRIGO, AVENA,
PASTA, PAN, TORTILLA, LENTEJA,
GARBANZO, SOYA, ALUBIA
Y HABA

NO AFINES
GOLOSINAS

PROTEÍNAS
PATÉ, HÍGADO, MOLLEJA, AJONJOLÍ,
OSTIÓN, MEJILLÓN Y CARNE ROJA

MIEL, CHOCOLATE, ALMÍBAR,
PASTELES, POLEO, PIMIENTO, AZÚCAR Y RIÑÓN

VERDURAS
NOPAL, AJO
Y ACEITUNA

APIO, CALABAZA, BRÓCOLI,

FRUTAS
MANZANA VERDE, UVA VERDE, PIÑA,
KIWI, MARACUYÁ, TAMARINDO, MANGO,
GUANÁBANA, ZAPOTE Y AGUACATE

TAURO

35

HUEVOS ROTOS
ESPAÑOLES

INGREDIENTES

- c/s de aceite de maíz + 6 cucharadas
- 6 papas blancas medianas peladas y cortadas en tiras delgadas
- 5 ramitas de romero picadas
- 4 cucharadas de vinagre de arroz
- las hojas de 3 ramas de perejil picadas
- 500 g de chorizo español
- 1 cucharada de sal
- 8 huevos
- c/s de flores comestibles para decorar
- c/s de pan para acompañar

PROCEDIMIENTO

1. Fría en suficiente aceite las papas durante 15 minutos o hasta que queden cocidas y ligeramente doradas. Retire las papas del fuego, trasládelas a un tazón y añada el romero; mézclelas con el vinagre de arroz, el perejil y sal al gusto. Resérvelas.
2. Corte el chorizo en rebanadas delgadas y fríalas a fuego medio entre 2 y 5 minutos. Trasládelas a un plato con papel absorbente para eliminar el exceso de grasa.
3. Ponga sobre fuego alto un sartén con 1 cucharada de aceite y fría en él dos huevos estrellados. Añada sal y resérvelos. Repita este paso con los huevos y el aceite restante.
4. Sirva en un plato extendido las papas, encima las rebanadas de chorizo y al final los huevos estrellados. Decore el platillo con las flores comestibles y acompañe con pan.

CARPACCIO DE RES
CON ALCAPARRAS

INGREDIENTES

CARPACCIO DE RES
- 1 trozo de filete de res de 500 g
- ½ taza de aceite de oliva
- 2 cucharadas de alcaparras
- la parte blanca de 2 poros, picadas
- 12 hojas de menta fileteadas
- 4 cucharadas de vinagre de arroz
- 1 receta de salsa de soya cremosa (ver pág. 190)
- 1 receta de hojuelas de betabel (ver pág. 189)
- c/s de poro fileteado, frito

PROCEDIMIENTO

CARPACCIO DE RES
1. Introduzca el trozo de filete de res dentro de una bolsa de plástico resellable, retire el exceso de aire que pueda tener y congélelo durante 1 hora.
2. Retire la carne del congelador y déjela reposar a temperatura ambiente durante 10 minutos.
3. Corte la carne en rebanadas muy delgadas con un cuchillo filoso. Distribúyalas en un plato, cúbralas y refrigere.
4. Ponga sobre fuego bajo una cacerola pequeña con el aceite de oliva y fría en ella las alcaparras, el poro y la menta durante un par de minutos. Añada el vinagre de arroz y deje la preparación sobre el fuego durante 10 minutos. Retire los ingredientes del aceite, escúrralos y déjelos enfriar.
5. Bañe el *carpaccio* con la salsa de soya cremosa y acompáñelo con el poro, las alcaparras y la menta. Adorne el platillo con las hojuelas de betabel y el poro frito.

TALLARINES
CON CAMARONES

INGREDIENTES

MANTEQUILLA BRANDY

- 500 g de mantequilla a temperatura ambiente
- 1 cucharada de jugo sazonador
- 1 cucharada de salsa inglesa
- 1 cucharada de brandy
- ½ cucharada de sal
- las hojas de 2 ramas de perejil chino, picadas finamente
- 1 cucharada de mostaza de Dijon

TALLARINES CON CAMARONES

- 1 kg de camarones medianos pelados
- 6 cucharadas de aceite de maíz
- 1 diente de ajo picado
- 4 cucharadas de brandy
- 8 nopales medianos, cocidos y cortados en tiras delgadas y cortas
- ½ receta de tallarines guajillo (ver pág. 191)
- 1 chile guajillo grande cortado en aros
- 4 pizcas de orégano molido
- c/s de hojas de epazote para decorar

PROCEDIMIENTO

MANTEQUILLA BRANDY

1. Mezcle en un tazón la mantequilla con el jugo sazonador, la salsa inglesa, el brandy, la sal, el perejil y la mostaza hasta obtener una mezcla homogénea. Resérvela en refrigeración.

TALLARINES CON CAMARONES

1. Realice un corte poco profundo en el dorso de cada camarón para que quede abierto como mariposa. Retire los intestinos con un palillo.
2. Ponga sobre fuego medio un sartén grande con el aceite y saltee el ajo picado con los camarones hasta que estos últimos estén cocidos.
3. Retire el sartén del fuego, sin apagar la flama. Vierta el brandy al sartén y acérquelo al fuego para flamear los camarones. Deje que el alcohol se evapore y el fuego se apague.
4. Añada 5 cucharadas de mantequilla brandy y las tiras de nopales; mezcle bien la preparación y déjela sobre el fuego durante 10 minutos más. Agregue los tallarines, salpimiente a su gusto y retire el sartén del fuego.
5. Sirva en un plato los tallarines con camarones, sujetando varios de éstos con un aro de chile guajillo. Espolvoree orégano en polvo y decore con las hojas de epazote.

PECHO DE TERNERA
EN SALSA TALLA

INGREDIENTES

SALSA TALLA
- 2 cebollas medianas
- 1 diente de ajo
- 5 chiles guajillo sin venas ni semillas
- 3 hojas de laurel
- 1½ tazas de vinagre blanco
- 4 tazas de jugo de naranja
- 3 cucharadas de consomé de pollo en polvo
- 2 cucharadas de aceite de maíz
- sal al gusto

GUARNICIÓN DE RABANITOS
- 500 g de rábanos
- 3 cucharadas de aceite de oliva
- ½ taza de jugo de limón eureka
- sal y pimienta al gusto
- 1 receta de cebollas cambray asadas al limón (ver pág. 24)
- 1 receta de tostadas fritas de maíz azul para decorar (ver pág. 191)

PECHO DE TERNERA
- 1.6 kg de pecho de ternera porcionado en 4 piezas (se conoce también como falda y lleva parte del hueso de las costillas)
- 4 cucharadas de sal de grano
- 4 cucharadas de aceite de maíz
- 2 cucharadas de páprika
- 8 cucharadas de hierbas finas

PROCEDIMIENTO

SALSA TALLA
1. Hierva en una olla con suficiente agua las cebollas, el ajo, los chiles guajillo y el laurel durante 45 minutos. Cuele los ingredientes y licúelos junto con el vinagre blanco, el jugo de naranja y el consomé de pollo.
2. Ponga sobre fuego medio-alto una cacerola mediana con el aceite y, cuando esté caliente, añada la salsa. Deje que se reduzca un poco y agregue sal si hiciera falta. Retire la salsa del fuego y resérvela.

GUARNICIÓN DE RABANITOS
1. Corte los rábanos por la mitad a lo ancho y salpiméntelos.
2. Ponga sobre fuego medio un sartén mediano con el aceite de oliva y sofría en él los rábanos boca abajo hasta que se tuesten. Retire el sartén del fuego, deje enfriar los rábanos y báñelos con el jugo de limón. Resérvelos con el resto de los ingredientes.

PECHO DE TERNERA
1. Precaliente el horno a 200 °C y salpimiente las porciones de pecho de ternera con la sal de grano.
2. Ponga sobre fuego alto un sartén grande con el aceite y dore en él toda la superficie de las porciones de pecho de ternera.
3. Coloque las piezas de ternera en una charola para hornear, cúbralas con papel aluminio y hornéelas durante 2 horas como mínimo o hasta que estén cocidas.
4. Caliente en una cacerola grande la salsa talla; agregue la páprika y las hierbas finas y deje la preparación sobre el fuego durante 5 minutos.
5. Sirva en un plato grande las porciones de pecho de ternera y acompáñelas con la guarnición de rabanitos.

SI LO DESEA, PUEDE RETIRAR LA CARNE DEL HORNO 20 MINUTOS ANTES DE LAS 2 HORAS Y TERMINAR DE COCERLA EN LA SALSA.

PULPO A LAS BRASAS
CON ADEREZO LIMA

INGREDIENTES

ADEREZO LIMA
- 1 huevo
- 1 taza de aceite de oliva
- 2 tazas de jugo de lima
- 1 cucharada de vinagre blanco
- sal y pimienta negra molida, al gusto

PULPO A LAS BRASAS
- 1 pulpo de 1 kg
- ¼ de taza de aceite de oliva
- 1 receta de guacamole (ver pág. 189)
- 1 rama de romero para decorar
- 1 jitomate *cherry* para decorar
- c/s de lima caramelo (ver pág. 56)

PROCEDIMIENTO

ADEREZO LIMA
1. Coloque en el vaso de la licuadora el huevo, comience a licuarlo e incorpore el aceite de oliva en forma de hilo; al final debe obtener una emulsión. Añada el jugo de lima, el vinagre blanco, y sal y pimienta al gusto. Licue nuevamente hasta incorporar todos los ingredientes y reserve el aderezo.

PULPO A LAS BRASAS
1. Lave el pulpo muy bien e introdúzcalo en el congelador durante 30 minutos. Sáquelo del congelador y déjelo descongelar a temperatura ambiente.
2. Golpee todo el pulpo con un rodillo de panadería para ablandarlo aún más.
3. Ponga sobre el fuego una olla grande con agua. Cuando comience a hervir, sostenga la cabeza del pulpo con las pinzas e introdúzcalo al agua durante 6 segundos; sáquelo, deje pasar 6 segundos y repita el mismo procedimiento 3 veces más. Después sumerja por completo el pulpo en el agua y déjelo cocer entre 40 y 50 minutos o hasta que esté muy suave. Escúrralo y resérvelo.
4. Encienda una parrilla a fuego medio y ase el pulpo durante 5 minutos; no lo deje más tiempo o adquirirá una consistencia chiclosa. Retírelo de la parrilla y déjelo enfriar durante 5 minutos.
5. Coloque en un plato un espejo del aderezo lima, sobre éste un poco de guacamole y encima el pulpo a las brasas. Bañe con la vinagreta y el aceite de oliva. Decore con el romero, el jitomate *cherry* y la lima caramelo.

EL PASO DE CONGELAR Y DESCONGELAR EL PULPO SE HACE CON EL OBJETIVO DE ABLANDAR SU CARNE. NO LO OMITA SI DESEA OBTENER UN PULPO MUY SUAVE.

STRUDEL
DE CEREZAS NEGRAS CON SALSA INGLESA

INGREDIENTES

SALSA INGLESA CON AZAFRÁN
- 500 ml de crema para batir
- 5 yemas
- 200 g de azúcar
- 1 cucharadita de hebras de azafrán

STRUDEL DE CEREZAS NEGRAS
- 1 taza de azúcar refinada
- 2 cucharadas de extracto de vainilla
- 380 g de queso crema
- 4 cucharadas de fécula de maíz
- 300 g de pasta hojaldre
- 400 g de cerezas negras en almíbar
- 1 yema
- 1 mango cortado en cubos pequeños
- c/s de espagueti frito para decorar
- c/s de flores comestibles para decorar

PROCEDIMIENTO

SALSA INGLESA CON AZAFRÁN
1. Mezcle en una cacerola mediana la crema con las yemas, el azúcar y el azafrán hasta que se integren.
2. Ponga la cacerola sobre fuego medio y cocine la preparación hasta que se espese, sin dejar de mezclarla con una pala. Retire la preparación del fuego y déjela enfriar a temperatura ambiente.

STRUDEL DE CEREZAS NEGRAS
1. Precaliente el horno a 200 °C.
2. Bata en un tazón mediano el azúcar con el extracto de vainilla y el queso crema hasta que se integren bien.
3. Espolvoree la fécula de maíz en una superficie de trabajo y extienda de forma rectangular la pasta hojaldre con un rodillo hasta que tenga 5 milímetros de grosor. Distribuya sobre ésta las cerezas y la mezcla de queso crema, dejando libre todo el borde. Barnice con la yema toda la orilla de la pasta, enróllela sobre sí misma para formar un rollo y barnice la superficie.
4. Coloque el rollo de hojaldre en una charola con papel antiadherente y hornéelo durante 20 minutos o hasta que se dore la superficie. Sáquelo del horno y déjelo enfriar a temperatura ambiente.
5. Sirva un espejo de salsa inglesa con azafrán en medio del plato, coloque encima el *strudel* y acompáñelo con los cubos de mango. Decore con el espagueti frito y las flores comestibles.

GÉMINIS

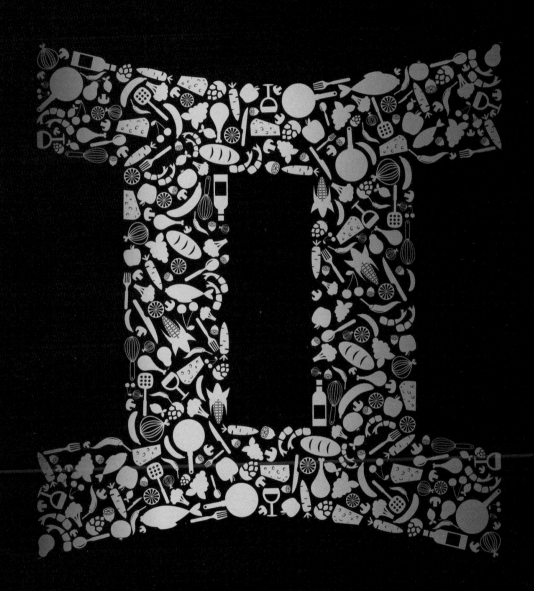

GÉMINIS
22 DE MAYO AL 21 DE JUNIO

Elemento. El aire es el espíritu nato de los nacidos bajo el signo de Géminis. La volatilidad y dualidad son parte de la esencia del signo de los gemelos. El mundo de las ideas y la filosofía es el escenario donde pueden planear mejor sus próximos pasos.

Carácter. Los géminis son cariñosos, amables y excelentes amantes. Todo es válido con tal de obtener lo que desean, por lo que utilizan sus atributos y encantos para conseguir sus objetivos. Suelen emprender nuevas actividades y retos con entusiasmo, pero su poca perseverancia los lleva a dejarlos incompletos.

Creen que todas las personas deben hacer lo que sienten y quieren. Tienen una mente abierta y liberal. Su inteligencia, capacidad y agilidad mental los motiva a buscar diversión y nuevas aventuras; si no estimulan su mente constantemente suelen aburrirse, pues no pueden soportar la quietud.

Paladar. La hiperactividad en los nacidos bajo este signo influye de manera significativa en los gustos a la hora de comer. Los géminis son apasionados de los sabores que se mezclan y crean sensaciones desconocidas en su paladar. Los sabores agridulces se adaptan perfectamente a su personalidad. Siempre querrán probar más; sin embargo, su rapidez los obliga a terminar comiendo lo primero que encuentran en su camino.

Necesidades alimenticias. Es ideal que los géminis consuman alimentos ricos en vitaminas C, E y D, como almendra, sardina, atún, huevo y hongos.

Es importante que en su dieta diaria incluyan: calabaza, pepino, pimiento, col, jitomate, lechuga, aguacate, chabacano, cereza, durazno y nectarina.

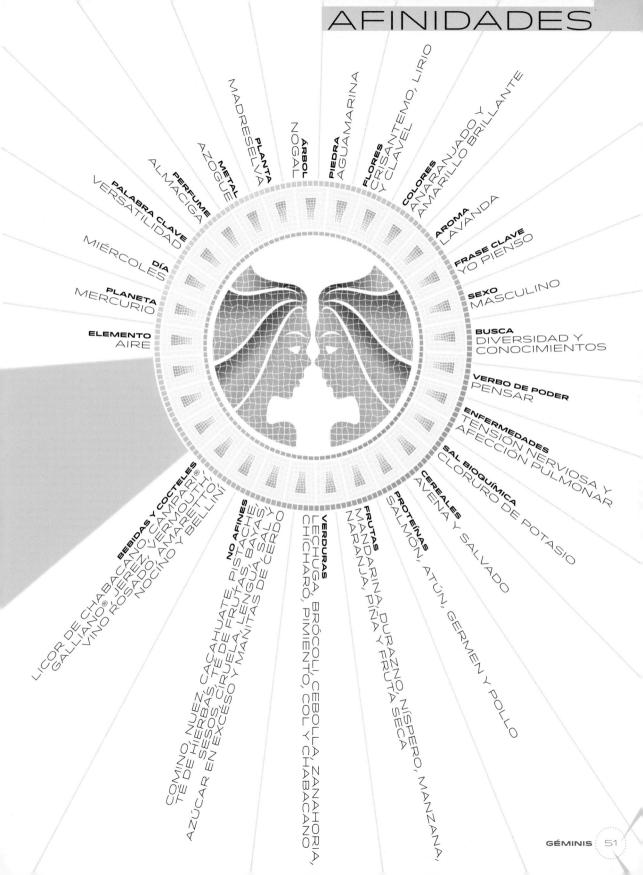

PALABRA CLAVE VERSATILIDAD

PERFUME ALMÁCIGA

METAL AZOGUE

PLANTA MADRESELVA

ÁRBOL NOGAL

PIEDRA AGUAMARINA

FLORES CRISANTEMO, LIRIO Y CLAVEL

COLORES ANARANJADO Y AMARILLO BRILLANTE

AROMA LAVANDA

FRASE CLAVE YO PIENSO

DÍA MIÉRCOLES

PLANETA MERCURIO

ELEMENTO AIRE

SEXO MASCULINO

BUSCA DIVERSIDAD Y CONOCIMIENTOS

VERBO DE PODER PENSAR

ENFERMEDADES TENSIÓN NERVIOSA Y AFECCIÓN PULMONAR

SAL BIOQUÍMICA CLORURO DE POTASIO

CEREALES AVENA Y SALVADO

PROTEÍNAS SALMÓN, ATÚN, GERMEN Y POLLO

FRUTAS MANDARINA, DURAZNO, NÍSPERO, MANZANA, NARANJA, PIÑA Y FRUTA SECA

VERDURAS LECHUGA, BRÓCOLI, CEBOLLA, ZANAHORIA, CHÍCHARO, PIMIENTO, COL Y CHABACANO

NO AFINES COMINO, NUEZ, CACAHUATE, PISTACHE, SESOS, CIRUELA, LENGUA, SAL, TÉ DE HIERBAS, TÉ DE FRUTAS, BAYAS, AZÚCAR EN EXCESO Y MANITAS DE CERDO

BEBIDAS Y CÓCTELES LICOR DE CHABACANO, CAMPARI®, JEREZ, VERMOUTH, GALLIANO® AMARETTO, VINO ROSADO, NOCINO Y BELLINI

EMPAREDADO
PORTOBELLO

INGREDIENTES

HONGOS *PORTOBELLO*
- 500 g de hongos *portobello*
- 2 cucharadas de mantequilla
- ½ cebolla morada picada
- ½ cucharadita de sal
- ½ cucharadita de pimienta negra molida

SALSA DE QUESO AZUL
- 6 cucharadas de vino blanco
- 250 g de queso roquefort
- ½ taza de crema para batir
- pimienta negra molida, al gusto

EMPAREDADO
- 4 chapatas
- 4 hojas de lechuga italiana
- 200 g de queso roquefort desmoronado
- c/s de germinado de betabel
- 1 receta de chips de camote y plátano (ver pág. 189)

PROCEDIMIENTO

HONGOS *PORTOBELLO*
1. Filetee los hongos en láminas gruesas.
2. Derrita la mantequilla en un sartén sobre fuego medio y saltee en ella la cebolla durante 5 minutos. Añada los hongos fileteados y deje que se cocinen durante 10 minutos más. Salpiméntelos y resérvelos calientes.

SALSA DE QUESO AZUL
1. Ponga sobre fuego medio un sartén con el vino y el queso roquefort. Cuando este último se haya disuelto, agregue la crema y la pimienta negra molida. Mezcle todo hasta obtener una salsa homogénea, retírela del fuego y déjela enfriar.

EMPAREDADO
1. Corte las chapatas por la mitad y retire un poco de migajón. Coloque en cada base una hoja de lechuga, un poco de hongos *portobello* y queso roquefort desmoronado, al gusto.
2. Unte cada tapa con la salsa de queso azul y cubra con ellas las chapatas. Córtelas en diagonal y decórelas con el germinado de betabel.
3. Sirva los emparedados con los chips de camote y plátano.

ACOMPAÑE ESTE PLATILLO CON UNA NARANJADA.

CANGREJO AL ROMERO
CON MANTEQUILLA Y CÍTRICOS

INGREDIENTES

- ¼ de receta de mantequilla brandy (ver pág. 40)
- ½ taza de jugo de naranja + 1 caballito para decorar
- ¼ de taza de jugo de mandarina + 1 caballito para decorar
- 1½ cucharadas de jugo de limón + 1 caballito para decorar
- 8 tenazas de cangrejo moro
- 8 ramas de romero
- sal y pimienta negra molida, al gusto

PROCEDIMIENTO

1. Ponga sobre el fuego una cacerola con la mantequilla brandy, deje que se derrita y agregue los jugos de cítricos, las tenazas de cangrejo y sal y pimienta al gusto.
2. Introduzca en un frasco grande el romero, las tenazas de cangrejo y la mantequilla con los jugos. Cierre el frasco y sacúdalo durante 6 o 7 minutos.
3. Sirva en un plato extendido el frasco junto con los caballitos de cítricos para acompañar el platillo.

TACÓN DE ATÚN
Y LIMA CARAMELO

INGREDIENTES

LIMA CARAMELO
- 3 cucharadas de mantequilla
- 5 cucharadas de azúcar
- ½ taza de ralladura de lima

TACÓN DE ATÚN
- 4 trozos de filete de lomo de atún de 150 g cada uno
- 1 taza de salsa de soya cremosa (ver pág. 190)
- 1 cucharadita de melaza de balsámico (ver pág. 190)
- 1 cucharadita de aceite de oliva
- sal y pimienta negra molida, al gusto

PROCEDIMIENTO

LIMA CARAMELO
1. Ponga sobre fuego medio un sartén con la mantequilla, el azúcar y la ralladura de lima. Déjela sobre el fuego sin dejar de mezclar hasta que obtenga una mezcla firme. Retírela del fuego y déjela enfriar.

TACÓN DE ATÚN
1. Salpimiente los trozos de atún por ambos lados.
2. Encienda una parrilla a fuego medio y ase los trozos de atún durante 2 minutos de cada lado, o el tiempo requerido para obtener el término deseado. Deje que se enfríen ligeramente y porciónelos en cubos medianos.
3. Forme un espejo con la salsa de soya en un plato y acomode los trozos de atún al centro. Vierta sobre éstos la melaza de balsámico, el aceite de oliva y un poco de la lima caramelo.

ATÚN AL LIMÓN

INGREDIENTES

ADEREZO FRANCÉS
- 3 cucharadas de mostaza de Dijon
- 2 cucharaditas de miel
- 4 cucharadas de vinagre balsámico
- ½ cucharadita de sal
- ¼ de cucharadita de pimienta negra molida
- ½ taza de aceite de oliva

ATÚN AL LIMÓN
- 4 filetes de lomo de atún de 150 g cada uno
- 3 cucharadas de sazonador de pimienta con limón
- 3 cucharadas de aceite de oliva
- ½ pimiento verde cortado en tiras delgadas
- ½ pimiento rojo cortado en tiras delgadas
- ½ cucharada de salsa inglesa
- 5 cogollos de lechugas tiernas
- 1 receta de lima caramelo (ver receta anterior)

PROCEDIMIENTO

ADEREZO FRANCÉS
1. Mezcle en un tazón la mostaza de Dijon con la miel, el vinagre balsámico, la sal y la pimienta.
2. Vierta poco a poco el aceite de oliva, mientras bate enérgicamente la preparación hasta obtener una mezcla uniforme. Resérvela.

ATÚN AL LIMÓN
1. Espolvoree los filetes de atún por ambos lados con el sazonador de pimienta con limón por ambos lados.
2. Ponga sobre fuego medio un sartén con 2 cucharadas de aceite de oliva y dore en él toda la superficie de los filetes de atún. Retírelos del fuego o déjelos en el sartén hasta obtener el término deseado. Resérvelos calientes.
3. Ponga sobre fuego medio una cacerola con el aceite restante y sofría las tiras de pimientos durante un par de minutos. Agregue la salsa inglesa y mézclela muy bien.
4. Trocee los cogollos de lechuga; coloque una cuarta parte de ellos en un plato, y encima una cuarta parte de las tiras de pimiento. Sirva a un lado un espejo de aderezo francés y encima de éste un filete de atún. Repita este paso con los ingredientes restantes y decore con la lima caramelo.

POLLO MANDARINA

INGREDIENTES

SALSA DE MANDARINA
- 1 cucharada de aceite de oliva
- ¼ de cebolla picada finamente
- ½ diente de ajo picado finamente
- ½ rama de apio picada finamente
- ½ zanahoria picada finamente
- 100 g de mantequilla
- 50 g de harina de trigo
- 3 tazas de jugo de mandarina
- ½ cucharadita de consomé de pollo en polvo
- 2 cucharadas de licor de mandarina
- 1 cucharada de azúcar refinada
- sal al gusto

POLLO MANDARINA
- 2 cucharadas de aceite de maíz
- 4 muslos de pollo deshuesados
- 6 cucharadas de azúcar refinada
- 1 camote amarillo pelado y cortado en rebanadas
- los gajos de 2 mandarinas
- 1 rama de romero
- sal y pimienta negra molida, al gusto

PROCEDIMIENTO

SALSA DE MANDARINA
1. Ponga sobre fuego medio un sartén con el aceite de oliva y sofría en él la cebolla durante 5 minutos. Agregue el ajo y continúe la cocción durante 1 minuto más. Añada el apio y la zanahoria y continúe la cocción durante 5 minutos más.
2. Vierta al sartén la mantequilla y la harina y mezcle bien hasta formar una salsa espesa. Después, incorpore el jugo de mandarina, el consomé de pollo y sal al gusto. Deje sobre el fuego hasta que la preparación hierva.
3. Licue la preparación y cuélela. Agregue el licor de mandarina y el azúcar, y mezcle hasta que los ingredientes se disuelvan. Reserve la salsa.

POLLO MANDARINA
1. Barnice con el aceite de maíz los muslos de pollo y salpiméntelos. Coloque sobre el fuego un sartén y fríalos hasta que estén dorados. Retírelos del fuego y resérvelos.
2. Ponga sobre el fuego un sartén antiadherente con el azúcar y las rebanadas de camote. Deje que el azúcar se disuelva y las rebanadas tomen un color dorado ligero; retírelas del fuego. Coloque sobre ésta un muslo de pollo; repita este procedimiento con las porciones restantes y acompañe con los camotes caramelizados. Decore con las supremas de la mandarina y la rama de romero.

HIGOS CRISTAL

INGREDIENTES

- 250 g de queso mascarpone
- 1 taza de crema ácida
- 3 cucharadas de miel de abeja
- 500 g de higos medianos partidos por la mitad
- ¼ de taza de azúcar
- 2 cucharadas de almendras troceadas y tostadas
- c/s de germinado de amaranto para decorar
- c/s de flores comestibles para decorar

PROCEDIMIENTO

1. Mezcle en un tazón mediano el queso mascarpone con la crema ácida hasta que obtenga una preparación espesa.
2. Agregue poco a poco la miel hasta incorporarla bien.
3. Coloque en una charola para hornear las mitades de higos y espolvoréeles azúcar. Caramelice la superficie de ellos con un soplete de cocina sin que se queme el azúcar.
4. Sirva los higos sobre un espejo de crema de mascarpone. Decórelos con las almendras tostadas, el germinado de amaranto y flores comestibles.

22 DE JUNIO AL 23 DE JULIO

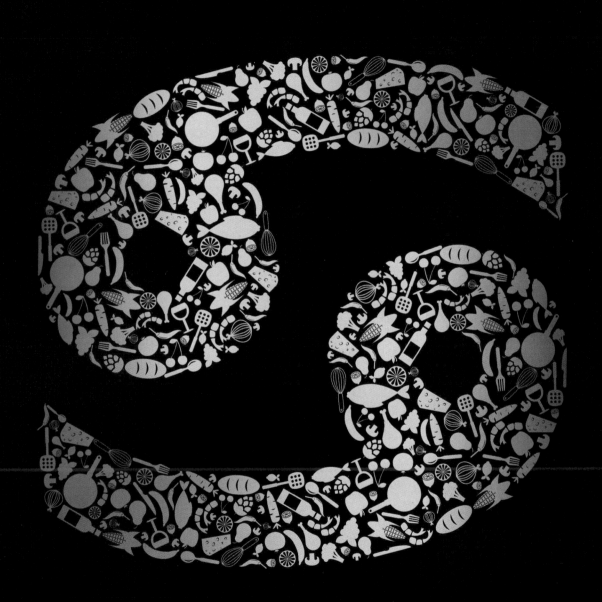

CÁNCER
22 DE JUNIO AL 23 DE JULIO

Elemento. Los nacidos bajo el signo de Cáncer tienen como espíritu el agua. Creen en la energía, la humanidad, los ángeles guardianes y en la vida misma. Tienen la mente abierta para aceptar, captar y aprender rápido y siempre buscan el modo de evolucionar.

Carácter. El carácter de los cáncer es un laberinto sumamente profundo: son libres pensadores, pero muy profundos en sus razonamientos. Viven enamorados de la buena vida y los amores muy pasionales. Gozan de apreciar el arte, la música y la literatura, la acción y, sobre todo, el drama.

Son decididos, resistentes, tercos, tenaces, energéticos, sabios, altruistas, intelectuales e intuitivos; siempre querrán hacer su voluntad y tener la razón a toda costa.

Tienen como misión en la vida servir y ser útiles a la humanidad, pero con beneficio a sí mismos y a los suyos. Son personas que dan poca importancia al qué dirán.

Paladar. La buena comida es su ideal, pues su paladar es muy quisquilloso para los sabores; pero cuando se encantan con aromas y texturas de nuevos platillos los convierten en sus favoritos.

Necesidades alimenticias. Las comidas bajas en grasas y carbohidratos son magníficas para su organismo. Los dulces, las harinas y el picante deben estar fuera de su alimentación.

Su dieta tiene que ser rica en vitaminas B_8, E, K, así como en yodo. Éstas pueden encontrarse en frutas, como ciruela, kiwi, pera y aguacate; en verduras, como chícharo y jitomate, y en hierbas, como albahaca, salvia y tomillo.

Los lácteos, el agua natural y las infusiones de manzanilla y limón son excelentes para su cuerpo; los cuales pueden eliminar los trastornos digestivos, la hinchazón o la retención de líquidos.

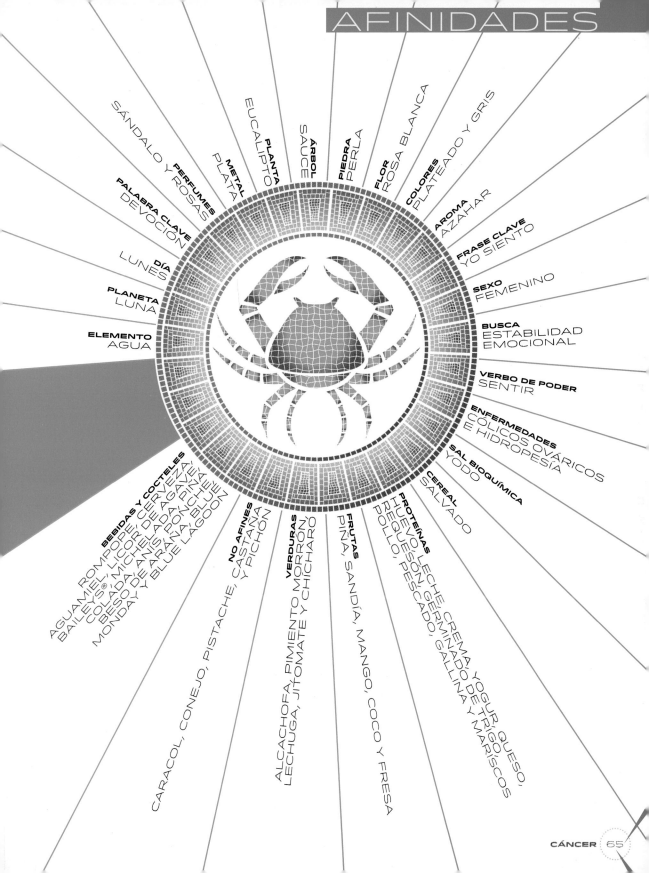

PERFUMES
SÁNDALO Y ROSAS

METAL
PLATA

PLANTA
EUCALIPTO

ÁRBOL
SAUCE

PIEDRA
PERLA

FLOR
ROSA BLANCA

COLORES
PLATEADO Y GRIS

AROMA
AZAHAR

PALABRA CLAVE
DEVOCIÓN

FRASE CLAVE
YO SIENTO

DÍA
LUNES

SEXO
FEMENINO

PLANETA
LUNA

BUSCA
ESTABILIDAD
EMOCIONAL

ELEMENTO
AGUA

VERBO DE PODER
SENTIR

ENFERMEDADES
CÓLICOS OVÁRICOS
E HIDROPESÍA

SAL BIOQUÍMICA
YODO

CEREAL
SALVADO

BEBIDAS Y CÓCTELES
ROMPOPE, CERVEZA,
AGUAMIEL, LICOR DE AGAVE,
BAILEYS®, MICHELADA, PIÑA
COLADA, ANÍS, PONCHE,
BESO DE ARAÑA, BLUE
MONDAY Y BLUE LAGOON

PROTEÍNAS
HUEVO, LECHE, CREMA,
REQUESÓN, GERMINADO DE TRIGO,
POLLO, PESCADO, GALLINA Y MARISCOS,
YOGUR, QUESO

NO AFINES
CARACOL, CONEJO, PISTACHE, CASTAÑA
Y PICHÓN

VERDURAS
ALCACHOFA, PIMIENTO MORRÓN,
LECHUGA, JITOMATE Y CHÍCHARO

FRUTAS
PIÑA, SANDÍA, MANGO, COCO Y FRESA

TIRITAS
DE LENGUADO

INGREDIENTES

CEBOLLAS AL VINO TINTO
- 2 cucharadas de mantequilla
- ⅓ de taza de azúcar refinada
- 2 cebollas moradas fileteadas
- ¾ de taza de vino tinto

TIRITAS DE LENGUADO
- 1 kg de lenguado porcionado en filetes y cortado en tiras largas
- 1 cebolla morada fileteada
- 6 chiles serranos sin venas ni semillas, picados
- 4 cucharaditas de orégano molido
- 4 tazas de jugo de limón
- 1 taza de jugo de naranja
- 1 receta de guacamole (ver pág. 189)
- sal y pimienta negra molida, al gusto
- c/s de páprika al gusto para decorar
- c/s de cebollín para decorar
- c/s de flores comestibles para decorar
- 1 receta de tostadas fritas de maíz azul para decorar (ver pág. 191)

PROCEDIMIENTO

CEBOLLAS AL VINO TINTO
1. Derrita sobre fuego medio la mantequilla en un sartén mediano. Agréguele el azúcar y, cuando se haya disuelto, añada la cebolla. Sofríala hasta que esté traslúcida, vierta el vino tinto y continúe la cocción hasta que el líquido se reduzca. Retire la preparación del fuego y déjela enfriar.

TIRITAS DE LENGUADO
1. Coloque en un tazón grande las tiras de lenguado con la cebolla, los chiles serranos, el orégano y los jugos de limón y naranja. Salpimiente, mezcle y deje reposar la preparación durante 20 minutos.
2. Escurra las tiras de pescado y sírvalas, distribuyéndolas en cuatro platos planos. Acompáñelas con el guacamole y las cebollas al vino tinto. Espolvoree páprika sobre el plato para decorar junto con el cebollín, las flores comestibles y la decoración de tortilla.

TOSTADAS
DE JAIBA

INGREDIENTES

- 12 jaibas o 1 kg de pulpa de jaiba
- 2 hojas de laurel (para cocción de las jaibas)
- ½ cebolla picada
- 3 jitomates medianos picados
- 5 ramas de cilantro picadas
- el jugo de 1 limón
- 2 cucharadas de aceite de oliva
- 2 cucharadas de salsa inglesa
- 1 cucharada de salsa bruja
- ¼ de cucharadita de pimienta negra molida
- 4 tortillas de maíz azul
- 4 tortillas blancas
- ½ aguacate hass
- c/s de ramitas de eneldo para decorar
- c/s de flores comestibles para decorar
- sal al gusto

PROCEDIMIENTO

1. Si utiliza jaibas, lávelas con un cepillo y póngalas a hervir en una olla a fuego medio con las hojas de laurel y suficiente sal durante 15 minutos o hasta que estén cocidas. Retire la olla del fuego, saque las jaibas del agua y déjelas enfriar. Inserte un cuchillo en el caparazón de las jaibas, a la altura de los ojos, para abrirlas. Raspe con un tenedor el interior para extraer la carne. También puede abrir las tenazas y retirar la carne que tengan.
2. Mezcle en un tazón la pulpa de jaiba con la cebolla, los jitomates, el cilantro, el jugo de limón, el aceite de oliva, las salsas inglesa y bruja y la pimienta negra. Reserve la mezcla en refrigeración.
3. Ponga sobre el fuego un comal y caliente las tortillas por ambos lados hasta que estén tostadas. Retírelas del fuego y déjelas enfriar.
4. Sirva en un plato las tostadas y encima de ellas la preparación de jaiba. Con ayuda de una cuchara *parisienne* obtenga esferas del aguacate y decore con ellas las tostadas, así como con el eneldo y las flores comestibles.

OSTIONES
EN SU CONCHA

INGREDIENTES

RASURADO

- ½ cebolla blanca picada
- ½ cebolla morada picada
- 2 tazas de jugo de naranja
- ¾ de taza de jugo de limón
- 3 cucharadas de salsa inglesa
- 2 cucharadas de vinagre de manzana
- 2 cucharadas de aceite de oliva
- 2 cucharaditas de sal
- 1 cucharadita de pimienta negra molida

OSTIONES

- 12 ostiones grandes en su concha
- c/s de germinado de betabel para decorar
- c/s de flores comestibles para decorar

PROCEDIMIENTO

RASURADO

1. Mezcle muy bien todos los ingredientes en un tazón de vidrio. Deje reposar la preparación durante 10 minutos como mínimo.

OSTIONES

1. Lave los ostiones con un cepillo para retirar el exceso de tierra, enjuáguelos bien y déjelos escurrir.
2. Sujete un ostión con un trapo de cocina y ábralo cuidadosamente con ayuda de un cuchillo para ostras. Repita el procedimiento con el resto de los ostiones y acomódelos sobre un plato.
3. Acompañe los ostiones con un poco del rasurado y decórelos con el germinado de betabel y flores comestibles.

CEVICHE DE SIERRA

INGREDIENTES

- 500 g de filete de sierra picado en cubos pequeños
- 2 tazas de jugo de limón
- ½ cucharadita de vinagre de arroz
- ¼ de cucharadita de salsa inglesa
- ¼ de cucharadita de jugo sazonador
- ¼ de cebolla morada picada
- 3 jitomates picados
- ½ pepino pequeño pelado y cortado en cubos pequeños
- 5 ramas de cilantro picadas
- ½ aguacate
- 1 cucharada de aceite de oliva
- sal y pimienta negra molida, al gusto
- c/s de germinado de betabel para decorar
- 4 ramas de eneldo para decorar
- c/s de tostadas para acompañar

PROCEDIMIENTO

1. Mezcle en un tazón de vidrio los cubos de pescado con el jugo de limón, el vinagre de arroz, la salsa inglesa y el jugo sazonador; deje reposar la preparación en refrigeración durante 10 minutos.
2. Escurra muy bien los cubos de pescado y mézclelos con la cebolla, el jitomate, el pepino, el cilantro y sal y pimienta al gusto.
3. Distribuya en cuatro platos el aguacate, colocando una media luna en cada uno; ponga encima el ceviche, rocíele encima un poco de aceite de oliva y decore con el germinado de betabel y las ramas de eneldo. Acompañe con las tostadas.

RIB EYE
CON SALSA DE TRES CHILES

INGREDIENTES

RIB EYE

- 4 *rib eye* de 200 g cada uno
- 3 cucharadas de aceite de oliva
- 1 receta de salsa de tres chiles (ver pág. 190)
- 1 receta de verduras al grill (ver pág. 191)
- sal y pimienta negra molida, al gusto
- hojas de epazote fritas para decorar

PROCEDIMIENTO

RIB EYE

1. Salpimiente los *rib eye* por ambos lados.
2. Ponga sobre fuego alto un sartén mediano con el aceite de oliva. Cuando éste comience a humear, fría en él los *rib eye* durante 8 minutos por cada lado para obtener un término medio. Si los desea más cocidos, déjelos más tiempo.
3. Sirva los *rib eye* en platos individuales y báñelos con la salsa de 3 chiles. Acompáñelos con las verduras al grill y decore con las hojas de epazote.

FRESAS PIMIENTA
CON MELAZA DE NARANJA

INGREDIENTES

- 200 g de azúcar
- 2 caballitos de brandy
- 1 cucharadita de pimienta negra molida + c/s para decorar
- 2 caballitos de licor de cassis
- 1½ tazas de jugo de naranja
- 20 fresas
- c/s de ralladura de naranja para decorar

PROCEDIMIENTO

1. Ponga sobre fuego alto un sartén con el azúcar. Mueva el sartén ocasionalmente y, antes de que el azúcar comience a derretirse, retire el sartén del fuego; sin apagar la flama, añada al azúcar los caballitos de brandy y acérquelo al fuego para flamear la preparación. Deje que el alcohol se evapore para que el fuego se apague. Regrese el sartén a fuego medio y cueza la preparación durante 3 minutos o hasta que tenga consistencia de caramelo.
2. Añada al caramelo la pimienta, el licor de cassis y el jugo de naranja. Déjelo sobre el fuego entre 5 y 8 minutos o hasta obtener una salsa espesa.
3. Agregue las fresas a la salsa y cocínelas durante 2 minutos. Retire la preparación del fuego.
4. Distribuya la preparación en platos individuales Decore con pimienta negra molida y la ralladura de naranja.

LEO

24 DE JULIO AL 23 DE AGOSTO

Elemento. El fuego impetuoso es su espíritu. La misión de los nacidos bajo este signo es brillar, ser el centro de atención siempre. La pasión y el arrebato son cualidades que los llevan a cumplir con éxito sus metas. Además, la organización, planificación, creatividad y liderazgo son motores que lo impulsan a seguir adelante.

Carácter. Los nativos de este signo son ególatras, narcisistas, autocomplacientes y no temen los obstáculos. Sus defectos pueden ser tan amplios como sus virtudes. También son honestos y comunicativos, ya que siempre expresan sin problemas ni complicaciones sus puntos de vista.

Su energía emana en todas direcciones, siendo afectuoso con su entorno. Son aparentemente apacibles y amigos de todos, aunque pueden hartarse e irse sin dar mayores explicaciones.

Los leo suelen ser algo enamoradizos, absorbentes y apasionados en su sentir. Su temperamento fogoso necesitará una pareja con gran capacidad para gozar y entregarse. No saben vivir sin amor o sin sentirlo.

Paladar. Caracterizado por tener gran gusto por el lujo y el poder, su paladar se puede considerar elegante y desafiante. Gustan de probar platillos nuevos siempre. Su mayor deleite es ir a un restaurante donde puedan elegir algo exclusivo y de alta calidad.

Necesidades alimentarias. En su dieta deben incluir alimentos ricos en vitaminas C y E. Se recomienda productos de origen animal, como pescado y pollo, además de verduras, como espinaca, espárrago, zanahoria, betabel y col, y frutas, como uva, dátil, naranja y almendra.

PERFUMES
SÁNDALO, MENTA Y ROMERO

PALABRAS CLAVE
GENEROSIDAD, ORGULLO Y DIVERSIÓN

METAL
ORO

PLANTA
GIRASOL

ÁRBOL
PALMERA

PIEDRA
DIAMANTE

FLOR
AMAPOLA

COLOR
DORADO

AROMA
CLAVO DE OLOR

FRASE CLAVE
YO HAGO

DÍA
DOMINGO

PLANETA
SOL

ELEMENTO
FUEGO

SEXO
MASCULINO

BUSCA
AUTORREALIZACIÓN

VERBO DE PODER
OSAR

ENFERMEDADES
CARDIACAS Y ANGINA DE PECHO

SALES BIOQUÍMICAS
MAGNESIO Y FOSFATO

CEREALES
CENTENO, ARROZ, TRIGO Y MAÍZ

PROTEÍNAS
CARNE ROJA, HUEVO, SALMÓN, POLLO Y PATO

FRUTAS
SANDÍA, CIRUELA, FRESA, PLÁTANO, MANGO, NARANJA, AGUACATE, TORONJA, MANZANA, MELÓN, UVA E HIGO

VERDURAS
COL, CAMOTE, PEREJIL, ALBAHACA, MENTA, ESPINACA

NO AFINES
AJONJOLÍ, NUEZ CANELA, GINGSENG, CAVIAR, PAVO, JUGO DE CARNE Y MÉDULA

BEBIDAS Y COCTELES
CHAMPAGNE, WHISKY, GINEBRA, VERMOUTH, VINO BLANCO, VINO ROSADO, COGNAC, TEQUILA, SIDRA Y DAIQUIRÍ

CREMA DE
CALABAZA DE CASTILLA

INGREDIENTES

- 1 calabaza de Castilla de 1 kg aproximadamente
- 500 g de papa
- 4 cucharadas de mantequilla
- 1 cucharada de harina de trigo
- 1 cucharadita de consomé de pollo en polvo
- sal al gusto
- 1 receta de tiras fritas de tortilla azul (ver pág. 191)
- c/s de pepitas de calabaza tostadas
- c/s de flores comestibles

PROCEDIMIENTO

1. Coloque la calabaza en una olla grande con suficiente agua con sal para cubrirla por completo. Póngala sobre el fuego y deje que hierva durante 20 minutos. Añada las papas y hiérvalas durante 30 minutos o hasta que al pinchar los vegetales con un tenedor estén suaves. Retire la calabaza y las papas del fuego y déjelas enfriar.
2. Corte la calabaza por la mitad, deseche las venas y las semillas y córtela en trozos. Deseche la cáscara de todos los trozos y con un par de ellos extraiga algunas esferas con ayuda de una cuchara *parisienne*; resérvelas para decorar.
3. Pele las papas y lícuelas con la pulpa de calabaza hasta obtener un puré espeso.
4. Ponga sobre fuego bajo una cacerola con la mantequilla. Cuando esta última se derrita, añada la harina y mezcle bien, hasta que la harina se haya cocido y se haya formado una consistencia uniforme y espesa. Añada el puré de calabaza y papa, así como el consomé de pollo. Revuelva y agregue agua y sal si fuera necesario para obtener una crema.
5. Sirva la crema de calabaza de Castilla en platos soperos. Decore con las tiras de tortilla, las pepitas de calabaza, las flores comestibles y las esferas de calabaza.

ENSALADA DE
MAGRET DE PATO AHUMADO

INGREDIENTES

VINAGRETA DE TAMARINDO
- ½ taza de jarabe de tamarindo
- ¼ de taza de vinagre de arroz
- ¼ de taza de aceite de oliva
- sal y pimienta negra molida, al gusto

ENSALADA DE *MAGRET* DE PATO
- 4 piezas de *magret* de pato ahumado
- 6 hojas de lechuga romana troceadas
- 6 hojas de lechuga sangría troceadas
- 6 hojas de lechuga italiana troceadas
- 6 higos cortados en cuartos
- 8 jitomates *cherry*
- 20 uvas sin semillas, partidas por la mitad
- c/s de germinado de betabel para decorar
- c/s de ramas de eneldo para decorar

PROCEDIMIENTO

VINAGRETA DE TAMARINDO
1. Mezcle en un tazón pequeño el jarabe de tamarindo con el vinagre de arroz y sal y pimienta al gusto, hasta que la sal se disuelva.
2. Incorpore el aceite poco a poco mientras bate hasta que obtenga una vinagreta homogénea. Resérvela.

ENSALADA DE *MAGRET* DE PATO
1. Corte los *magrets* de pato en rebanadas delgadas y resérvelas. Mezcle en un tazón las hojas de lechuga con los higos, los jitomates *cherry* y las uvas. Sirva la ensalada en platos extendidos y coloque sobre ellas las rebanadas de *magret*.
2. Barnice las rebanadas de *magret* de pato con la vinagreta de tamarindo y decore con el germinado de betabel y el eneldo.

TRINEO
DE CAMARONES

INGREDIENTES

SALSA DE PIMIENTOS
- 90 g de mantequilla
- 4 pimientos rojos sin semillas, cortados en trozos
- 1 cebolla troceada
- 1 diente de ajo troceado
- 2 cucharadas de harina de trigo
- 1 taza de agua
- sal y pimienta negra molida, al gusto

ESPINACAS AL PERNOD®
- 2 cucharadas de aceite de oliva
- 1 cebolla picada finamente
- 1 diente de ajo picado finamente
- 1 kg de espinacas sin tallo y fileteadas
- 1½ cucharadas de Pernod®
- sal y pimienta negra molida, al gusto

TRINEO DE CAMARONES
- 20 camarones medianos sin pelar
- 2 cucharadas de aceite de oliva
- 2½ cucharadas de brandy
- sal y pimienta negra molida, al gusto
- c/s de flores comestibles al gusto

PROCEDIMIENTO

SALSA DE PIMIENTOS
1. Ponga sobre fuego medio un sartén mediano con la mantequilla y fría en ella los trozos de pimiento, la cebolla y el ajo durante 15 minutos.
2. Licue la preparación con la harina y el agua hasta obtener una mezcla espesa. Cuele la preparación, viértala en una cacerola, colóquela sobre el fuego y deje que hierva durante 2 minutos o hasta que espese. Retire la salsa del fuego, añada sal y pimienta al gusto y resérvela.

ESPINACAS AL PERNOD®
1. Ponga sobre fuego medio un sartén con el aceite de oliva y fría en él la cebolla y el ajo durante 5 minutos. Añada al sartén las espinacas y continúe la cocción durante 5 minutos más.
2. Flamee las espinacas con el Pernod® hasta que el alcohol se evapore. Salpimiente las espinacas y resérvelas.

TRINEO DE CAMARONES
1. Retire el caparazón de los camarones dejándoles la cola. Realice una incisión en el dorso de cada uno para retirar los intestinos y salpimiéntelos.
2. Ponga sobre el fuego un sartén con el aceite de oliva y fría en él los camarones durante 10 minutos. Flamee los camarones con el brandy y retírelos del fuego.
3. Distribuya los camarones en platos extendidos e intercálelos con las espinacas al Pernod®. Sírvalos con la salsa de pimientos y decore con flores comestibles.

ACOMPAÑE ESTE PLATILLO CON UNA COPA DE VINO BLANCO.

ALBÓNDIGAS DE ATÚN
CON TALLARINES

INGREDIENTES

ENTOMATADO
- 500 g de tomate verde
- 1 cucharada de aceite de maíz
- ½ cebolla partida en trozos
- 1 cucharada de azúcar
- 2 cucharadas de consomé de pollo en polvo, disueltas en 2 cucharadas de agua
- 2 chiles chipotles cortados en tiras
- 2 hojas de laurel
- sal al gusto

ALBÓNDIGAS DE ATÚN
- 720 g de atún fresco, cortado en trozos pequeños
- ½ cebolla picada
- 4 cucharadas de alcaparras picadas
- 2 huevos
- 1 diente de ajo picado
- 5 cucharadas de pan molido
- 2 cucharaditas de sal fina + c/s
- ½ cucharadita de pimienta negra molida
- 250 g de queso panela cortado en cubos medianos

TALLARINES
- 500 g de tallarines
- 2 cucharadas de aceite de oliva
- 5 cucharadas de mantequilla brandy (ver pág. 40)
- c/s de hojas de epazote fritas para decorar

PROCEDIMIENTO

ENTOMATADO
1. Hierva los tomates en una cacerola con suficiente agua durante 20 minutos. Cuélelos y déjelos enfriar.
2. Ponga sobre el fuego un sartén con el aceite y sofría en él la cebolla durante 5 minutos. Agregue el azúcar, el consomé de pollo, los chiles chipotles, las hojas de laurel y los tomates. Continúe la cocción durante 5 minutos más y retire la preparación del fuego. Agregue sal o agua si es necesario.

ALBÓNDIGAS DE ATÚN
1. Mezcle en un tazón grande todos los ingredientes, excepto el queso panela. Forme con la mezcla esferas del tamaño de una pelota de golf y rellénelas con los cubos de queso panela.
2. Ponga sobre el fuego una cacerola a fuego medio-alto con el agua suficiente para sumergir las albóndigas. Cuando hierva, añada sal al agua y sumerja las albóndigas; deje que se cuezan durante 15 minutos. Retire la cacerola del fuego y deje reposar las albóndigas en el agua durante 10 minutos. Resérvelas.

TALLARINES
1. Cueza los tallarines según las indicaciones del empaque. Cuélelos y mézclelos con el aceite de oliva para evitar que se peguen entre ellos.
2. Ponga sobre el fuego un sartén con la mantequilla brandy, deje que se derrita y saltee en ella la pasta.
3. Distribuya los tallarines en platos hondos. Añádales encima el entomatado y acomode sobre éste las albóndigas. Decore con las hojas de epazote fritas.

FILETE DE PESCADO
CON DURAZNOS Y MANZANAS

INGREDIENTES

SALSA AMERICANA
- 1 cucharada de mantequilla
- ½ cebolla troceada
- 1 diente de ajo
- las cáscaras y cabezas de 10 camarones grandes
- 1 cucharada de harina de trigo
- 1 cucharada de vino blanco
- 2 tazas de agua
- 1 cucharadita de páprika
- sal y pimienta negra molida, al gusto

DURAZNO Y MANZANA CARAMELIZADOS
- 2 cucharadas de mantequilla
- 4 manzanas descorazonadas, peladas y cortadas en rebanadas
- 4 duraznos cortados en rebanadas
- 4 cucharadas de *Martini rosso*
- 4 cucharadas de azúcar
- 4 manojos pequeños de arúgula
- 1 receta de cebollitas chamuladas (pág. 189)
- sal y pimienta negra molida, al gusto

FILETES DE PESCADO
- 4 filetes de huachinango
- 4 cucharadas de aceite de oliva
- sal y pimienta negra molida, al gusto

PROCEDIMIENTO

SALSA AMERICANA
1. Ponga sobre fuego bajo una cacerola mediana con la mantequilla y fría en ella la cebolla, el ajo y las cáscaras y cabezas de camarón durante 10 minutos. Espolvoree la harina, mezcle y cueza la preparación hasta que adquiera una tonalidad *beige*.
2. Aumente el fuego al máximo, vierta el vino blanco y mezcle. Cuando la preparación se espese, agregue el agua y la páprika y deje sobre el fuego durante 2 minutos más. Retire la preparación del fuego, lícuela con sal y pimienta al gusto y resérvela.

DURAZNO Y MANZANA CARAMELIZADOS
1. Ponga sobre fuego bajo un sartén mediano con la mantequilla y sofría en ella las rebanadas de manzana y de durazno durante 5 minutos.
2. Flamee las frutas con el *Martini rosso* hasta que el alcohol se evapore. Añada el azúcar y sal y pimienta al gusto, y retire la preparación del fuego cuando el azúcar se haya disuelto por completo. Reserve las frutas con las hojas de arúgula y las cebollitas chamuladas.

FILETE DE PESCADO
1. Precaliente el horno a 150 °C. Salpimiente los filetes de huachinango.
2. Ponga sobre fuego medio-alto un sartén con el aceite de oliva y fría en él rápidamente los filetes para que sólo se doren por fuera. Trasládelos a una charola para hornear y hornéelos durante 10 minutos. Sirva los filetes en platos planos, báñelos con la salsa americana y acompáñelos con durazno y manzana caramelizados.

FILETE
A LA MANTEQUILLA NEGRA

INGREDIENTES

MANTEQUILLA NEGRA
- 450 g de mantequilla
- 1 cucharada de perejil picado
- 2 cucharadas de jugo sazonador
- el jugo de 2 limones

FILETE DE RES
- 4 porciones de filete de res
- 3 cucharadas de aceite de oliva
- 2 tazas de berros limpios
- 1 receta de puré de papa (ver pág. 190)
- sal y pimienta negra molida, al gusto
- c/s de flores comestibles para decorar
- c/s de cebollín para decorar

PROCEDIMIENTO

MANTEQUILLA NEGRA
1. Ponga sobre fuego bajo una cacerola con la mantequilla y déjela sobre el fuego durante 15 minutos o hasta que adquiera un color avellanado. Retírela del fuego y déjela enfriar durante 10 minutos a temperatura ambiente.
2. Añada a la mantequilla el resto de los ingredientes y póngala de nuevo al fuego, entre 5 y 10 minutos. Retírela del fuego y resérvela.

FILETE DE RES
1. Salpimiente las porciones de filete de res por ambos lados.
2. Ponga sobre fuego alto un sartén mediano con el aceite de oliva. Cuando éste comience a humear, selle los filetes durante 8 minutos por cada lado para obtener un término medio. Si desea la carne más cocida, déjela durante más tiempo sobre el fuego. Agregue la mantequilla al sartén y retírelo del fuego.
3. Sirva el filete acompañado de los berros y del puré de papa. Decore con las flores comestibles y el cebollín.

FRESAS
CON CREMA MONTADA

INGREDIENTES

- 24 fresas grandes
- c/s de jarabe de chocolate comercial
- ½ taza de azúcar mascabado
- 1 receta de crema montada (ver pág. 189)
- 4 hojas de menta para decorar

PROCEDIMIENTO

1. Distribuya las fresas en un plato y póngales encima jarabe de chocolate. Acompañe las fresas con azúcar mascabado en un recipiente pequeño y crema montada en otro, esta última decorada con hojas de menta. Consuma las fresas pasando cada una por la crema montada y luego por el azúcar mascabado.

VIRGO
24 DE AGOSTO AL 23 DE SEPTIEMBRE

Elemento. La tierra es su espíritu. La precisión es la cualidad que lo hace destacar entre los signos del zodiaco. Los virgo suelen ser observadores, pacientes y centrados. Suelen parecer personas frías y calculadoras.

Carácter. Son muy intuitivos, se pierden en los detalles debido a que son seres 100% perfeccionistas. Esto les llega a ocasionar problemas debido a que suelen caer en el error de criticar y encontrar el más mínimo defecto de quienes los rodean. Les molesta el desorden y la suciedad, por consiguiente les gusta tener cada cosa en su lugar.

Los regidos bajo este signo son discretos, amables y divertidos con sus seres queridos. Se puede contar con la ayuda de un virgo para resolver cualquier problema gracias a su capacidad de análisis. Son metódicos, estudiosos y les gusta la lógica.

Los virgo cuentan con un encanto natural. No les gustan las relaciones dependientes; sin embargo, su corazón y persona necesitan de mucha seguridad y confianza para entregar sus sentimientos. Exageran tanto en su seguridad que prefieren guiarse por la lógica y la razón, ante el corazón y la pasión. Son muy detallistas y generosos.

Paladar. La buena comida es uno de los lujos que no perdonan los virgo, la calidad es primordial en el día a día de su vida. Su personalidad se refleja totalmente a la hora de comer, pues tienen un paladar sumamente crítico, exigente y delicado. Son amantes de la comida natural, sana y orgánica.

Necesidades alimenticias. Los alimentos ricos en fibra, como el maíz o el trigo integral, y que contengan vitaminas A, C y E, omega 3 y 6 que se pueden encontrar en los pescados y aceites vegetales, los cuales son magníficos para su dieta diaria. Deben controlar el consumo de carnes rojas y de café.

Los platillos que prefieren son las ensaladas, caldos y pescados. Para beber, los vinos, el agua, los jugos o las infusiones.

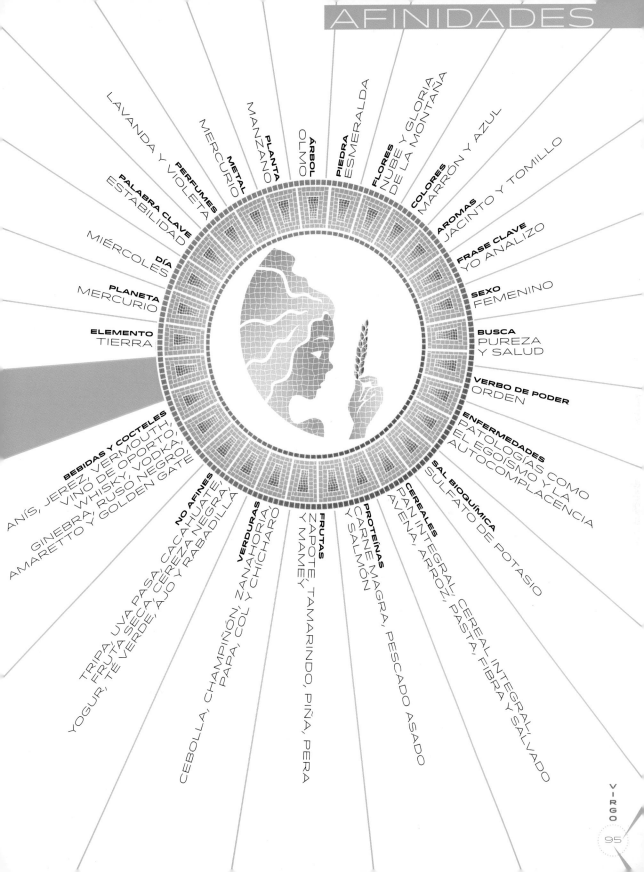

PERFUMES
LAVANDA Y VIOLETA

METAL
MERCURIO

PLANTA
MANZANO

ÁRBOL
OLMO

PIEDRA
ESMERALDA

FLORES
NUBE Y GLORIA
DE LA MONTAÑA

COLORES
MARRÓN Y AZUL

AROMAS
JACINTO Y TOMILLO

FRASE CLAVE
YO ANALIZO

PALABRA CLAVE
ESTABILIDAD

DÍA
MIÉRCOLES

PLANETA
MERCURIO

ELEMENTO
TIERRA

SEXO
FEMENINO

BUSCA
PUREZA
Y SALUD

VERBO DE PODER
ORDEN

ENFERMEDADES
PATOLOGÍAS COMO
EL EGOÍSMO Y LA
AUTOCOMPLACENCIA

SAL BIOQUÍMICA
SULFATO DE POTASIO

CEREALES
PAN INTEGRAL, CEREAL INTEGRAL,
AVENA, ARROZ, PASTA, FIBRA Y SALVADO

PROTEÍNAS
CARNE MAGRA, PESCADO ASADO
Y SALMÓN

FRUTAS
ZAPOTE, TAMARINDO, PIÑA, PERA
Y MAMEY

VERDURAS
CEBOLLA, CHAMPIÑÓN, ZANAHORIA,
PAPA, COL Y CHÍCHARO

NO AFINES
TRIPA, UVA PASA, CACAHUATE,
FRUTA SECA, CEREZA NEGRA,
YOGUR, TÉ VERDE, AJO Y RABADILLA

BEBIDAS Y COCTELES
ANÍS, JEREZ, VERMOUTH,
VINO DE OPORTO,
GINEBRA, WHISKY, VODKA,
AMARETTO Y RUSO NEGRO,
Y GOLDEN GATE

TORTITAS DE HUAUZONTLE
EN ENTOMATADO

INGREDIENTES

- 1 kg de huauzontles
- 250 g de queso panela cortado en cubos medianos
- c/s de aceite de maíz para freír
- 2 claras
- c/s de harina de trigo
- 1 receta de entomatado (ver pág. 84)
- 1 receta de hojuelas de betabel (ver pág. 189)
- c/s de flores comestibles para decorar

PROCEDIMIENTO

1. Limpie los huauzontles retirando y desechando las ramas gruesas. Lávelos con abundante agua. Escúrralos y resérvelos.
2. Ponga sobre el fuego una cacerola grande con agua y sal. Cuando hierva, añada los huauzontles y deje que hiervan durante 10 minutos. Retire la cacerola del fuego y deje enfriarlos.
3. Escurra los huauzontles exprimiéndolos para eliminar el exceso de agua. Mézclelos con los cubos de queso panela y forme tortitas, presionando bien los ingredientes para que se compriman y unan. Resérvelas.
4. Ponga sobre fuego medio un sartén grande con el aceite para freír.
5. Bata las claras en una batidora o a mano en un tazón, hasta que se esponjen. Enharine las tortitas de huauzontles una por una. Sumerja una tortita en las claras batidas, escúrrale el exceso de claras y fríala en el aceite por ambos lados hasta que esté dorada. Realice este paso por tandas y, al finalizar de freír las tortitas, colóquelas sobre papel absorbente para eliminar el exceso de aceite.
6. Sirva 2 tortitas por plato y báñelas con el entomatado. Decore con hojuelas de betabel y flores comestibles.

ORGÍA DE
ESQUITES

INGREDIENTES

- 1 taza de granos de elote azul
- 1 taza de granos de elote blanco
- 1 taza de granos de maíz cacahuazintle tierno
- 1 cucharada de manteca de cerdo
- ½ taza de chapulines
- 45 g de mantequilla
- 1 cebolla picada
- 10 chiles de árbol secos, sin semillas ni venas, y picados
- 2 dientes de ajo picados
- 5 ramas de epazote
- 4 cucharadas de mayonesa
- 1½ cucharadas de sal de gusano
- sal al gusto
- c/s de hojas de epazote fritas para decorar
- c/s de flores comestibles para decorar

PROCEDIMIENTO

1. Hierva en suficiente agua los granos de elote azul, blanco y de maíz cacahuazintle durante 30 minutos o hasta que estén cocidos. Retire los granos del fuego, añada sal al agua y resérvelos en ella.

2. Ponga sobre fuego medio-alto un sartén con la manteca de cerdo; añada los chapulines, tape el sartén y fríalos durante 10 minutos, moviendo el sartén ocasionalmente. Retire los chapulines del sartén, colóquelos sobre papel absorbente y resérvelos.

3. Ponga sobre fuego medio un sartén con la mantequilla y sofría en ella la cebolla durante 5 minutos. Añada el chile de árbol, el ajo picado y el epazote; continúe la cocción durante 5 minutos más. Añada los granos de elote cocidos y saltee la preparación hasta que estén dorados. Agregue sal al gusto y retire las ramas de epazote.

4. Sirva los esquites en tazones. Acompáñelos con la mayonesa, la sal de gusano, y los chapulines. Decore con hojas de epazote fritas y flores comestibles.

SALMÓN ROSTIZADO
EN SALSA DE ESTRAGÓN

INGREDIENTES

SALSA DE ESTRAGÓN

- 2 cucharadas de aceite de maíz
- 1 cebolla grande cortada en cubos
- 1 diente de ajo picado
- 8 jitomates picados
- 2 tazas de fondo de pescado
  (ver pág. 189)
- 1 cucharadita de consomé de pollo
  en polvo
- 10 ramas de estragón fresco
- 3 cucharadas de mantequilla
- sal al gusto

SALMÓN ROSTIZADO

- 4 trozos de filete de salmón
- 3 cucharaditas de aceite de oliva
- c/s de mezcla de ajonjolí negro
  y blanco, tostados, al gusto, para
  decorar
- sal y pimienta blanca molida, al gusto
- 1 receta de puré de papa
  (ver pág. 190)
- 1 cucharada de semillas de pirul
  (opcional)
- c/s de hojas fritas de acedera para
  decorar
- 1 receta de chips de plátano para
  decorar (ver pág. 189)
- c/s de eneldo para decorar

PROCEDIMIENTO

SALSA DE ESTRAGÓN

1. Ponga sobre fuego medio una olla mediana con el aceite y sofría en él la cebolla, el ajo y el jitomate durante 10 minutos. Vierta el fondo de pescado y el consomé de pollo y deje que la preparación hierva durante 10 minutos. Licue los ingredientes y regrese este molido a la olla junto con el estragón. Deje hervir la salsa a fuego medio hasta que reduzca ¾ partes de su volumen original. Añada la mantequilla y mezcle para que se derrita; agregue sal si fuera necesario. Reserve la salsa.

SALMÓN ROSTIZADO

1. Salpimiente los trozos de filete de salmón. Ponga sobre fuego en medio-alto un sartén con el aceite de oliva y fría en él los filetes durante 3 minutos por cada lado para obtener un término medio, o más tiempo si los desea más cocidos.
2. Sirva los filetes de salmón en platos individuales bañados con la salsa de estragón y espolvoreados con el ajonjolí. Acompáñelos con el puré de papa, las semillas de pirul (si es el caso), las hojas de acedera, los chips de plátano y el eneldo.

ROBALO JUAN

INGREDIENTES

SALSA JUAN
- 125 ml de aceite
- 1 diente de ajo cortado en rebanadas delgadas
- 3 chiles serranos sin semillas ni venas, cortados en tiras
- 500 g de champiñón fileteados
- 1 cucharada de jugo sazonador
- 1 cucharada de salsa inglesa
- el jugo de 1 limón
- sal y pimienta negra molida, al gusto

CHIPS DE CHAMPIÑÓN
- 125 ml de aceite de maíz
- 12 champiñones fileteados en láminas delgadas
- sal al gusto

ROBALO JUAN
- 4 filetes de robalo
- 4 cucharadas de aceite de maíz
- 1 receta de puré de papa (ver pág. 190)
- sal y pimienta negra molida
- c/s de cebollín para decorar
- c/s de germinado de betabel para decorar
- sal y pimienta blanca molida, al gusto

PROCEDIMIENTO

SALSA JUAN
1. Ponga sobre fuego medio una cacerola con el aceite y fría allí el ajo y los chiles serranos durante 2 minutos. Incorpore los champiñones, el jugo sazonador, la salsa inglesa, el jugo de limón y sal y pimienta al gusto. Retire la salsa del fuego y resérvela.

CHIPS DE CHAMPIÑÓN
1. Ponga sobre fuego medio-alto un sartén con el aceite y fría en él los champiñones. Retírelos del aceite cuando tengan una consistencia crujiente y dorada. Colóquelos sobre papel absorbente, añádales sal al gusto y resérvelos.

ROBALO JUAN
1. Salpimiente los filetes de robalo. Ponga sobre fuego medio-alto un sartén mediano y fría en él los filetes durante 2 minutos por cada lado, o más tiempo si los desea más cocidos.
2. Sirva los filetes en platos planos y báñelos con la salsa Juan. Acompáñelos con el puré de papa servido en recipientes pequeños y decore con los chips de champiñón, el cebollín y el germinado de betabel.

AGUACHILE
DE CAMARONES

INGREDIENTES

- ½ cebolla morada + ¼ fileteada para decorar
- 4 chiles serranos sin semillas ni venas
- 2 tazas de jugo de limón
- 40 camarones medianos pelados
- 1 pepino chico cortado en rebanadas delgadas
- 1 aguacate cortado en cubos
- sal de grano al gusto
- c/s de flores comestibles para decorar
- c/s de germinado de betabel para decorar

PROCEDIMIENTO

1. Licue la cebolla morada con los chiles serranos, el jugo de limón y sal de grano al gusto hasta obtener una preparación homogénea. Reserve este molido.
2. Abra los camarones con un cuchillo por el costado en forma de mariposa y retire los intestinos. Coloque los camarones en un tazón de vidrio y mézclelos con el molido de chiles serranos. Déjelos reposar durante 15 minutos como mínimo.
3. Sirva los camarones en platos y acompáñelos con las rodajas de pepino, la cebolla morada fileteada y los cubos de aguacate. Decore con las flores comestibles y el germinado de betabel.

PUEDE LICUAR ALGUNOS CHILES CON VENAS Y SEMILLAS SI QUIERE QUE EL AGUACHILE SEA MÁS PICOSO.

CRÈME BRÛLÉE
DE MAMEY

INGREDIENTES

- 500 g de pulpa de mamey
- 2 tazas de crema para batir
- ⅓ de taza de azúcar + 1 cucharada para caramelizar
- 4 yemas
- c/s de flores comestibles para decorar

PROCEDIMIENTO

1. Pase la pulpa de mamey por un colador para obtener un puré terso. Resérvela.
2. Mezcle en un tazón con un batidor globo la crema para batir, el azúcar, las yemas y el puré de mamey. Cueza esta mezcla a baño María hasta que obtenga una preparación homogénea y espesa. Retírela del fuego y déjela enfriar durante 30 minutos.
3. Sirva la *crème brûlée* en tazones individuales y espolvoree el azúcar restante en la superficie de cada una. Caramelícelas con ayuda de un soplete de cocina hasta que se forme un caramelo. Déjelas reposar durante 5 minutos y sírvalas decoradas con flores comestibles.

ACOMPAÑE ESTE POSTRE CON UNA COPA DE OPORTO.

LIBRA
24 DE SEPTIEMBRE AL 23 DE OCTUBRE

Elemento. El aire que eleva la creatividad es su espíritu. A los libra los define la sensibilidad, la cual los convierte en amantes entregados al amor, a la belleza, a la sabiduría y a la armonía. El único límite es su propia imaginación, por ello tienen conflicto entre aterrizar sus ideas a la realidad y los sueños que desean cumplir.

El problema más grande que enfrentan es vivir en la duda: no decidir a tiempo, cambiar de sueño u opinión antes de que se materialice.

Carácter. Los nacidos bajo este signo son muy simpáticos y agradables; saben ganarse el afecto de los demás volviéndose muy queridos por quienes los rodean. Sus amigos y familiares ríen, disfrutan de su compañía y se sienten de maravilla con ellos; pero si reciben alguna decepción, pueden volverse introvertidos e inseguros.

Valoran el esfuerzo de los demás y les gusta trabajar en equipo. No soportan el conflicto, así que son diplomáticos en las peleas.

El amor es un motor sumamente indispensable en su vida; son cariñosos, tiernos, encantadores y muy buenos amantes. Saben crear atmósferas agradables y seductoras, así como planes divertidos. Les encanta el placer; por tanto, pueden cometer ciertos excesos en su vida.

Paladar. Ningún platillo es ordinario para los libra. Tienen un paladar sociable y dulce, así que adoran comer en compañía; gustan de los postres con frutas, y de bebidas como licores exóticos, jugos y vinos.

Necesidades alimenticias. Es importante que incluyan bastantes líquidos en su dieta diaria para eliminar toxinas acumuladas. Si algo caracteriza a los libra es su glotonería, así que deben buscar un equilibrio en su alimentación. Es recomendable que consuman verduras como apio, alcachofa o berenjena, y fruta, como piña, ciruela, melón, cereza, fresa y durazno.

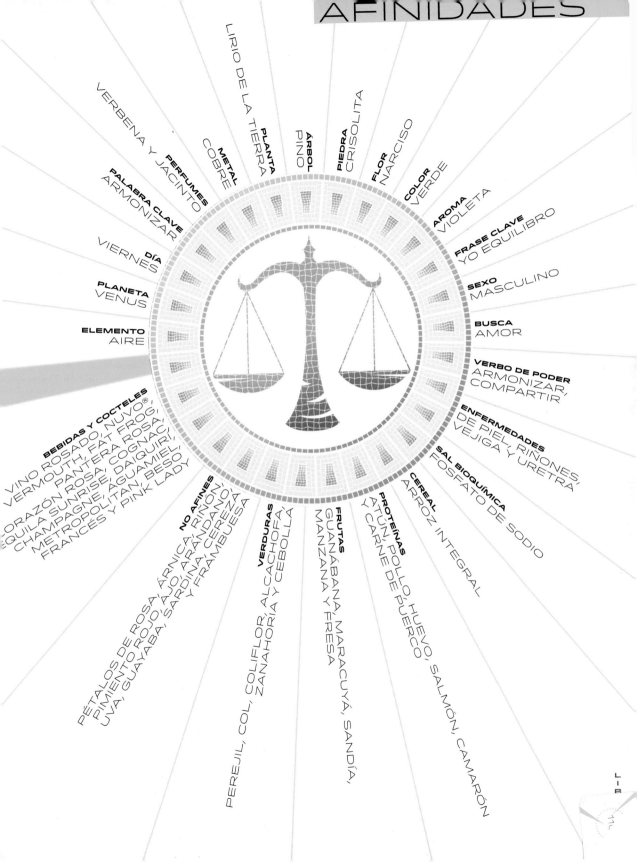

PLANTA
LIRIO DE LA TIERRA

ÁRBOL
PINO

PIEDRA
CRISOLITA

FLOR
NARCISO

COLOR
VERDE

METAL
COBRE

PERFUMES
VERBENA Y JACINTO

PALABRA CLAVE
ARMONIZAR

DÍA
VIERNES

PLANETA
VENUS

ELEMENTO
AIRE

AROMA
VIOLETA

FRASE CLAVE
YO EQUILIBRO

SEXO
MASCULINO

BUSCA
AMOR

VERBO DE PODER
ARMONIZAR,
COMPARTIR

ENFERMEDADES
DE PIEL, RIÑONES,
VEJIGA Y URETRA

SAL BIOQUÍMICA
FOSFATO DE SODIO

CEREAL
ARROZ INTEGRAL

PROTEÍNAS
ATÚN, POLLO, HUEVO, SALMÓN, CAMARÓN
Y CARNE DE PUERCO

FRUTAS
GUANÁBANA, MARACUYÁ, SANDÍA,
MANZANA Y FRESA

VERDURAS
PEREJIL, COL, COLIFLOR, ALCACHOFA,
ZANAHORIA Y CEBOLLA

NO AFINES
PÉTALOS DE ROSA, ÁRNICA, RIÑÓN,
PIMIENTO ROJO, AJO, ARÁNDANO, CEREZA,
UVA, GUAYABA, SARDINA Y FRAMBUESA

BEBIDAS Y COCTELES
VINO ROSADO, NUVO®,
VERMOUTH, FAT FROG,
PANTERA ROSA,
CORAZÓN ROSA, COGNAC,
TEQUILA SUNRISE, DAIQUIRI,
CHAMPAGNE, AGUAMIEL,
METROPOLITAN, BESO
FRANCÉS Y PINK LADY

L-IB

CEVICHE LOCO
DE CAMARÓN

INGREDIENTES

- 1 kg de camarones chicos
- 1 jitomate picado
- ½ cebolla morada fileteada
- las esferas de ½ aguacate (obtenidas con una cuchara *parisienne*)
- ½ pepino pelado y picado
- 2 tazas de jugo de limón
- ½ cucharada de Salsa Huichol®
- sal y pimienta negra molida, al gusto
- 1 receta de tostadas fritas de maíz azul y blanco (ver pág. 191)
- 1 limón en supremas

PROCEDIMIENTO

1. Pele los camarones y píquelos en trozos muy pequeños. Resérvelos.
2. Mezcle en un tazón el jitomate picado, la cebolla morada, las esferas de aguacate, el pepino picado, el jugo de limón, los camarones, la Salsa Huichol® y sal y pimienta al gusto. Deje reposar el ceviche durante 10 minutos.
3. Sirva el ceviche en platos redondos, acompañe con las tostadas fritas de maíz azul y blanco y decore con las supremas de limón.

OSTIONES
A LA PARRILLA

INGREDIENTES

VINAGRETA DE CHIPOTLE
- 4 cucharadas de vinagre
- 2 cucharadas de adobo de chipotle
- 2 chiles chipotles adobados sin semillas
- el jugo de 8 limones
- ½ taza de agua
- ½ taza de aceite de oliva
- sal y pimienta negra molida, al gusto

OSTIONES A LA PARRILLA
- 20 ostiones
- 2 cucharadas de aceite de maíz
- 2 cucharadas de sal de grano
- c/s de flores de colorín para decorar
- c/s de eneldo para decorar

PROCEDIMIENTO

VINAGRETA DE CHIPOTLE
1. Coloque en el vaso de la licuadora el vinagre, el adobo de chipotle, los chiles chipotle, el jugo de limón y el agua; licue hasta obtener una salsa uniforme. Sin dejar de licuar, vierta lentamente el aceite de oliva. Salpimiente al gusto y reserve la vinagreta.

OSTIONES A LA PARRILLA
1. Caliente una parrilla o un asador a fuego medio y ase en las orillas de ella los ostiones, para evitar así que se quemen las conchas. Cuando los ostiones se abran, extraiga el ostión de las conchas, y raspe muy bien con una cuchara el interior de estas últimas.
2. Ponga sobre fuego medio un sartén con el aceite y fría en él los ostiones con sal de grano durante 2 minutos. Añada un poco de la vinagreta, deje que se reduzca un poco y retire el sartén del fuego.
3. Sirva los ostiones en las conchas y acomódelas en un plato liso. Acompáñelos con más vinagreta de chipotle y decórelos con flores de colorín y eneldo.

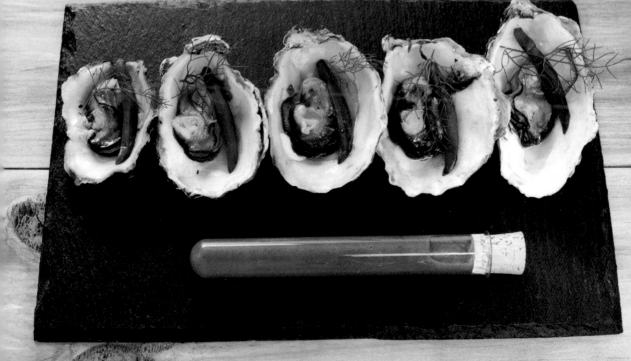

CHILE
RELLENO DE MARISCOS

INGREDIENTES

- 4 chiles poblanos grandes
- 4 cucharadas de mantequilla
- 200 g de camarones pacotilla
- 200 g de pulpo cocido, cortado en cubos
- 200 g de filete de pescado blanco (huachinango, mero, robalo o similares) cortado en cubos
- ½ receta de salsa pomodoro (ver pág. 191)
- ½ taza de crema ácida
- 250 g de queso tipo gouda
- 4 camarones grandes, cocidos, para decorar
- c/s de flores comestibles para decorar
- sal al gusto

PROCEDIMIENTO

1. Ase los chiles directamente sobre la estufa a fuego medio, hasta que gran parte de la piel se haya tatemado. Introdúzcalos en una bolsa de plástico, espolvoréeles sal y déjelos reposar durante 10 minutos.
2. Pele los chiles bajo el chorro de agua del grifo. Realice un corte vertical en el costado de cada uno y retire las semillas y las venas. Resérvelos.
3. Ponga sobre fuego medio un sartén con la mantequilla y saltee en ella los camarones pacotilla y los cubos de pulpo y pescado hasta que todos los ingredientes estén dorados. Salpimiente al gusto.
4. Vierta la salsa pomodoro y la crema ácida al sartén y mezcle hasta que se emulsionen; deje cocinar la preparación durante 10 minutos o hasta que obtenga una consistencia espesa. Retire el sartén del fuego y deje enfriar el relleno.
5. Precaliente el horno a 200 °C.
6. Rellene los chiles, acomódelos en un refractario, charola o platón extendido y espolvoréelos con el queso tipo gouda. Hornéelos para que el queso se derrita.
7. Sirva cada chile relleno sobre un plato, encima de un espejo de salsa pomodoro, y decórelos con los camarones grandes y flores comestibles.

PATO
CON CÍTRICOS

INGREDIENTES

- c/s de fécula de maíz + ½ cucharada
- 1 pato pequeño, sin vísceras y limpio
- 330 ml de refresco de cola
- 1 taza de piña picada finamente
- 1 taza de fresas picadas finamente
- 1 jícama cortada en bastones delgados
- 1 taza de espinaca *baby*
- 2 supremas de mandarina
- 2 supremas de toronja
- 4 supremas de naranja
- c/s de eneldo para decorar

PROCEDIMIENTO

1. Extienda sobre un plato plano suficiente fécula de maíz para empanizar toda la superficie del pato. Sacuda el pato para retirar el exceso de fécula.
2. Coloque el pato en una cacerola mediana con tapa y añádale el refresco de cola. Tape la cacerola y cuézalo a fuego medio durante 20 minutos o hasta que esté bien cocido. Retire la cacerola del fuego, saque el pato del líquido y déjelo enfriar.
3. Retire la piel del pato y divídalo en piezas con un cuchillo. Resérvelas.
4. Añada al líquido de cocción la piña y fresa picadas, regrese la cacerola al fuego y deje que los ingredientes hiervan durante 10 minutos.
5. Disuelva la ½ cucharada de fécula de maíz en 2 cucharadas de agua y agréguelas a la cacerola, para que espese la salsa. Deje que hierva durante 1 minuto más, retírela del fuego y deje enfriar.
6. Distribuya en 4 platos los bastones de jícama formando una especie de huacal o nido. Dentro de cada uno acomode hojas de espinaca *baby* y en el interior las supremas de cítricos y decore con 1 rama de eneldo.
7. Sirva la pieza de pato de su elección, báñela con la salsa y acompáñela con la guarnición de espinaca y jícama.

ROLLITOS DE BERENJENA
RELLENOS DE CARNE
CON SALSA DE COMINO

INGREDIENTES

SALSA DE COMINO
- 6 jitomates
- 1 cucharada de aceite
- ½ cebolla troceada
- ½ diente de ajo
- 100 g de comino
- 2 tazas de agua
- 1 cucharadita de consomé de pollo en polvo
- sal al gusto

ROLLITOS DE BERENJENA
- 2 berenjenas
- 5 cucharadas de aceite de oliva
- 2 cucharadas de aceite de oliva
- 1 cebolla picada
- 500 g de carne de res molida
- 1 receta de salsa *gravy* (ver pág. 190)
- 1 receta de hojuelas de betabel (ver pág. 189)
- c/s de huauzontles cocidos en rama
- sal y pimienta negra molida, al gusto

PROCEDIMIENTO

SALSA DE COMINO
1. Hierva en agua los jitomates durante 5 minutos y resérvelos.
2. Ponga sobre fuego medio una cacerola pequeña con el aceite y sofría en él la cebolla y el ajo durante 5 minutos o hasta que estén dorados. Resérvelos.
3. Ponga sobre el fuego un sartén y tueste en él el comino durante un par de minutos, sin que se queme. Retírelo del fuego y resérvelo.
4. Mezcle el comino con las cebollas y el ajo y hiérvalos junto con los jitomates entre 10 y 15 minutos. Licue con el consomé de pollo en polvo, cuele y añada sal si lo necesita.

ROLLITOS DE BERENJENA
1. Precaliente el horno a 160 °C.
2. Corte las berenjenas a lo largo en 12 rebanadas cada una y barnícelas con 5 cucharadas de aceite de oliva.
3. Distribúyalas sobre una charola para hornear y hornéelas durante 5 minutos o hasta que tengan una consistencia flexible. Salpimiéntelas y resérvelas.
4. Ponga sobre fuego bajo una cacerola con el aceite de oliva restante y sofría en él la cebolla durante 5 minutos. Agregue la carne de res y déjela sobre el fuego durante 10 minutos. Añada la mitad de la salsa *gravy* y cocine la preparación durante 20 minutos. Retire el relleno del fuego y agregue sal y pimienta al gusto.
5. Acomode sobre la punta de cada rebanada de berenjena un poco del relleno y enróllela sobre sí misma, sin que se salga el relleno de los rollitos. Repita este procedimiento con las rebanadas de berenjena y el relleno restantes.
6. Ponga sobre la mitad de un plato plano un espejo de salsa de comino y sobre la otra mitad la salsa *gravy* restante. Coloque seis rollitos de berenjena encima, cúbralos con hojuelas de betabel y adórnelos con huauzontles cocidos.

BUÑUELOS
CON SALSA DE PILONCILLO

INGREDIENTES

SALSA DE PILONCILLO
- 3½ tazas de agua
- 500 g de piloncillo

MELAZA DE GUAYABA
- 250 g de piloncillo rallado
- 8 guayabas sin semillas, picadas en cubos
- 1 trozo de canela de 5 centímetros

BUÑUELOS
- 2 tazas de agua
- 10 cáscaras de tomate
- 1½ tazas de harina de trigo
- 3 cucharadas de azúcar
- c/s de aceite de maíz para freír
- ½ receta de crema montada (ver pág. 189)
- c/s de frutos rojos para decorar
- c/s de flores comestibles para decorar

PROCEDIMIENTO

SALSA DE PILONCILLO
1. Ponga sobre el fuego una olla pequeña con el agua. Cuando comience a hervir, agregue el piloncillo y deje sobre el fuego hasta que éste se disuelva y la preparación se espese. Retire la salsa del fuego y resérvela.

MELAZA DE GUAYABA
1. Ponga sobre fuego bajo una cacerola mediana con el piloncillo, las guayabas y la canela durante 15 minutos o hasta que la preparación se espese. Retire la melaza del fuego y resérvela.

BUÑUELOS
1. Hierva el agua junto con las cáscaras de tomate verde hasta que se haya reducido a ½ taza. Cuele el agua y déjela enfriar.
2. Coloque en el tazón de la batidora la harina con el azúcar y el agua de cáscaras de tomate y mezcle los ingredientes con el gancho de la batidora hasta obtener una masa homogénea con una textura pesada. Si no tiene batidora, puede realizar este paso con un batidor globo.
3. Forme esferas pequeñas con la masa y aplánelas con un rodillo hasta que obtenga discos de 5 centímetros de diámetro.
4. Ponga sobre fuego alto un sartén con el aceite y fría los discos de masa, uno por uno, hasta que tengan una textura crujiente y dorada. Retírelos del aceite y colóquelos sobre un plato con papel absorbente para eliminar el exceso de aceite.
5. Sirva los buñuelos distribuyéndolos sobre cuatro platos, poniéndoles encima un poco de la melaza de guayaba y bañándolos con un poco de la salsa de piloncillo. Acompáñelos con la crema montada y decórelos con frutos rojos y flores comestibles.

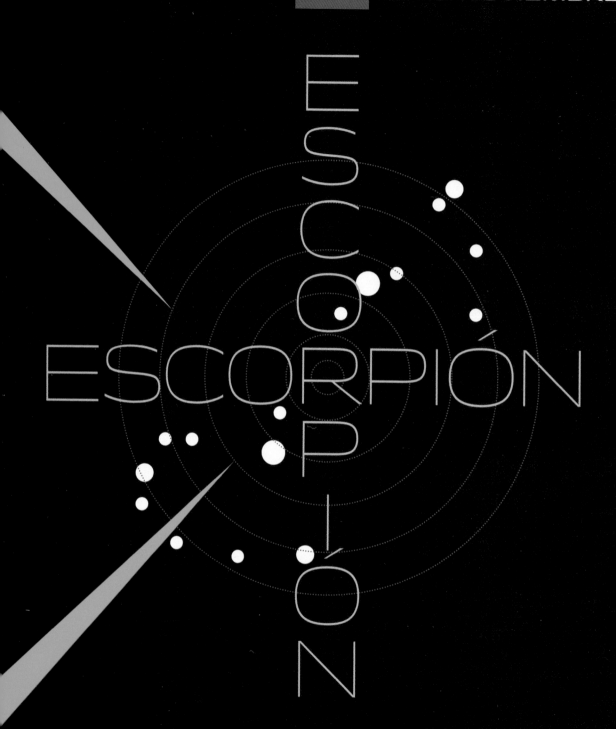

ESCORPIÓN

ESCORPIÓN
24 DE OCTUBRE AL 22 DE NOVIEMBRE

Elemento. El agua de lluvia es su espíritu. Los nacidos bajo este signo son un remolino de pasiones encontradas y contradictorias, lo cual los hace interesantes, complicados y sensuales.

Regidos bajo el astro Plutón, cuentan con una energía incontrolable, volviéndolos invencibles ante cualquier reto. Aunque aparentan ser tranquilos, los escorpión tienen una agresión y magnetismo escondidos en su interior. Está en su naturaleza crear cambios a su alrededor con su actitud e ideas.

Carácter. Para ellos vivir a flor de piel es lo que vale la pena; son más fuertes de lo que creen, llegando a ser el pilar energético de su familia, tanto en las buenas como en las malas. Aman a su pareja y familia con toda la fuerza de su ser, por lo que es habitual que saquen la casta por los suyos.

Los escorpión son celosos y apasionados; necesitan de alguien que los deje ser libres y les tolere sus cambios de carácter. Aunque consolidar sus relaciones les puede tomar algún tiempo, cuando se enamoran son devotos y leales para siempre.

Paladar. Las personas de este signo cuentan con un buen gusto por la comida. Su paladar se podría definir como apasionado del mar, ya que les fascinan los mariscos.

Son lo suficientemente decididos para llevar una dieta rigurosa, pero su signo los puede hacer abandonarla, aunque sea por un día sólo para disfrutar algún placer culposo. Los productos integrales, los lácteos y los vegetales son perfectos para su dieta diaria; mientras que las comidas bien condimentadas y picantes, aunque sean de sus favoritas, no son muy buenas para su estómago.

Necesidades alimenticias. El consumo de alimentos que contengan hierro les es primordial, sabroso y regenerativo. Deben incluir en su alimentación frutas, como manzana, fresa y ciruela, así como verduras, como apio, lechuga y zanahoria, que les ayudará a su digestión.

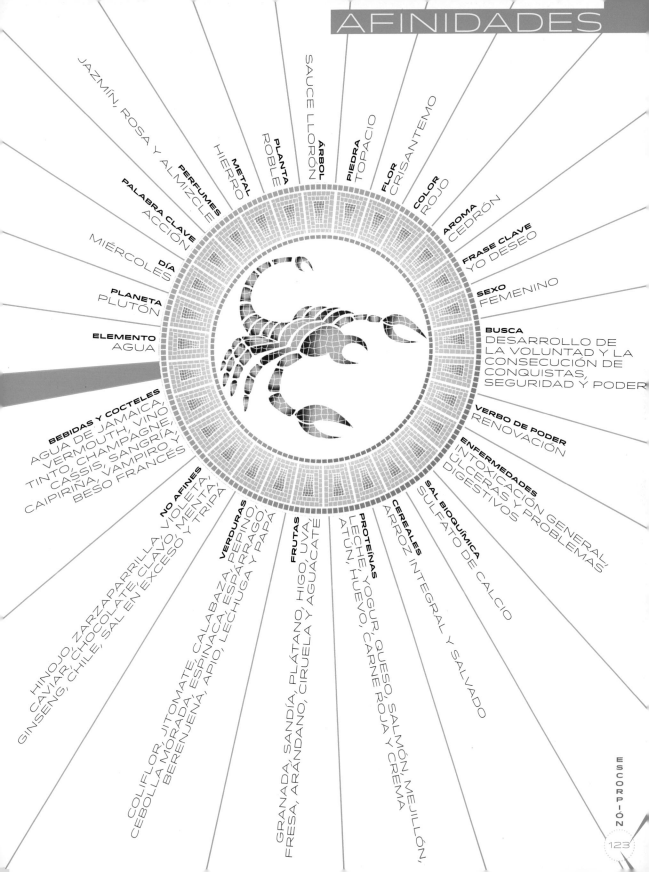

ÁRBOL
SAUCE LLORÓN

PLANTA
ROBLE

METAL
HIERRO

PERFUMES
JAZMÍN, ROSA Y ALMIZCLE

PALABRA CLAVE
ACCIÓN

DÍA
MIÉRCOLES

PLANETA
PLUTÓN

ELEMENTO
AGUA

PIEDRA
TOPACIO

FLOR
CRISANTEMO

COLOR
ROJO

AROMA
CEDRÓN

FRASE CLAVE
YO DESEO

SEXO
FEMENINO

BUSCA
DESARROLLO DE
LA VOLUNTAD Y LA
CONSECUCIÓN DE
CONQUISTAS,
SEGURIDAD Y PODER

VERBO DE PODER
RENOVACIÓN

ENFERMEDADES
INTOXICACIÓN GENERAL,
ÚLCERAS Y PROBLEMAS
DIGESTIVOS

SAL BIOQUÍMICA
SULFATO DE CALCIO

CEREALES
ARROZ INTEGRAL Y SALVADO

PROTEÍNAS
YOGUR, QUESO, SALMÓN, MEJILLÓN,
LECHE, HUEVO, CARNE ROJA Y CREMA
ATÚN,

FRUTAS
GRANADA, SANDÍA, PLÁTANO, HIGO, UVA,
FRESA, ARÁNDANO, CIRUELA Y AGUACATE

VERDURAS
HINOJO, ZARZAPARRILLA VIOLETA,
PEPINO,
COLIFLOR, JITOMATE, CALABAZA, ESPÁRRAGO,
CEBOLLA MORADA, ESPINACA, MENTA,
BERENJENA, APIO, LECHUGA Y PAPA

NO AFINES
CAVIAR, CHOCOLATE, CLAVO,
GINSENG, CHILE, SAL EN EXCESO Y TRIPA

BEBIDAS Y COCTELES
AGUA DE JAMAICA,
VERMOUTH, VINO
TINTO, CHAMPAGNE,
CASSIS, SANGRÍA,
CAIPIRIÑA, VAMPIRO Y
BESO FRANCÉS

ESCORPIÓN

MEJILLONES CULTIVO

INGREDIENTES

PAPAS A LA FRANCESA
- 1 kg de papas blancas grandes
- c/s de aceite de maíz para freír
- sal al gusto

MEJILLONES CULTIVO
- 1 receta de fondo de pescado (ver pág. 189)
- 1 kg de mejillones
- 1 trozo pequeño de jengibre pelado
- 2 bolsitas de té limón
- 6 cucharadas de vino blanco
- 1 poro con la parte verde, fileteado
- las hojas de 5 ramas de perejil chino picadas
- 6 ramas de apio picadas
- 2 jitomates cortados en cubos grandes
- c/s de mayonesa

PROCEDIMIENTO

PAPAS A LA FRANCESA
1. Pele las papas y córtelas en tiras de 5 centímetros de largo y 1 de ancho y alto. Enjuáguelas con agua fría y escúrralas.
2. Ponga sobre fuego medio una cacerola mediana con el aceite para freír las papas. Cuando esté caliente, fría las papas en tandas, moviéndolas constantemente, durante 8 o 10 minutos o hasta que estén cocidas. Sáquelas del aceite, escúrralas bien y póngalas sobre un plato con papel absorbente para retirar el exceso de aceite. Aumente el fuego a alto y fríalas nuevamente hasta que estén doradas. Espolvoréeles sal y resérvelas en una charola con papel absorbente.

MEJILLONES CULTIVO
1. Ponga sobre el fuego una cacerola con tapa con el fondo de pescado; cuando hierva, añádale los mejillones, el jengibre, el té limón, el vino blanco, el poro, el perejil y el apio. Tape la cacerola y deje cocer todos los ingredientes durante 10 minutos o hasta que los mejillones se abran por completo.
2. Sirva los mejillones con las verduras, los cubos de jitomate y el caldo de cocción. Acompáñelos con las papas a la francesa y la mayonesa.

SASHIMI
SALMÓN

INGREDIENTES

GUARNICIÓN DE ALCAPARRAS

- 4 cucharadas de semillas de cilantro tostadas
- 4 huevos cocidos, sin cascarón
- ½ taza de alcaparras
- 2 cucharadas de hojas de eneldo fresco picadas
- 4 cucharaditas de cebollín picado
- 1 taza de aceite de oliva

SASHIMI

- 750 g de lomo de salmón sin piel
- 1 cucharada de aceite de oliva
- 32 espárragos hervidos
- ½ receta de melaza de balsámico (ver pág. 190)
- c/s de flores comestibles para decorar

PROCEDIMIENTO

GUARNICIÓN DE ALCAPARRAS

1. Muela en un mortero o molino para café las semillas de cilantro.
2. Pique los huevos cocidos y las alcaparras y mézclelos con el eneldo y el cebollín. Añada las semillas de cilantro en polvo y el aceite de oliva, y mezcle hasta formar una pasta. Resérvela.

SASHIMI

1. Corte el salmón en rebanadas muy delgadas.
2. Barnice un plato plano con el aceite de oliva. Acomode alrededor del plato las rebanadas de salmón y coloque en el centro la guarnición de alcaparras.
3. Sirva el sashimi con los espárragos, salséelo con la melaza de balsámico y decórelo con flores comestibles.

SALMÓN
CON MOLE

INGREDIENTES

- ½ taza de crema para batir
- 1 taza de pasta de mole poblano
- 1 taza de fondo de pescado (ver pág. 189)
- 4 trozos de lomo de salmón de 180 g cada uno
- 2 cucharadas de aceite de oliva
- 1 taza de romeritos hervidos y salteados en mantequilla con sal
- 1 pimiento rojo cortado en tiras delgadas
- 1 cucharada de ajonjolí blanco, tostado
- 1 cucharada de ajonjolí negro, tostado
- sal y pimienta blanca molida, al gusto

PROCEDIMIENTO

1. Bata con la batidora la crema para batir hasta que duplique su volumen inicial. Resérvela tapada en refrigeración.
2. Ponga sobre fuego medio una cacerola mediana con la pasta de mole poblano e incorpore poco a poco el fondo de pescado. Deje el mole sobre el fuego durante 30 minutos, moviéndolo ocasionalmente. Resérvelo.
3. Salpimiente los trozos de salmón. Ponga sobre fuego medio-alto un sartén con el aceite de oliva y fría en él los filetes durante 3 minutos por cada lado para obtener un término medio, o más tiempo si los desea más cocidos.
4. Sirva los filetes en platos individuales y báñelos con el mole poblano. Decore con la crema batida, los romeritos y las tiras de pimiento, y espolvoree todo con los dos tipos de ajonjolí.

PUEDE ACOMPAÑAR ESTE PLATILLO CON VINO ESPUMOSO.

FILETE AZARI

INGREDIENTES

SETAS ASADAS
- 500 g de setas
- 3 cucharadas de aceite de maíz
- sal y pimienta negra molida, al gusto

PORO FRITO
- 1 poro mediano sin la parte verde
- c/s de aceite de maíz
- sal al gusto

FILETE AZARI
- 4 filetes de res de 200 g cada uno
- 4 cucharadas de aceite de oliva
- 1 receta de puré de papa (ver pág. 190)
- 1 receta de salsa *gravy* (ver pág. 190)
- 1 receta de hojuelas de betabel (ver pág. 189)
- c/s de poro frito para decorar
- c/s de hojas de estragón para decorar
- sal y pimienta negra molida, al gusto

PROCEDIMIENTO

SETAS ASADAS
1. Salpimiente las setas y sofríalas por ambos lados en un sartén a fuego medio con el aceite. Resérvelas.

PORO FRITO
1. Corte el poro por la mitad y córtelo en tiras largas y delgadas.
2. Ponga sobre fuego medio una cacerola con el aceite; cuando esté caliente, fría en él el poro hasta que se dore ligeramente, pero sin que cambie de color. Escúrralo, colóquelo en un plato con papel absorbente y añádale sal al gusto. Resérvelo.

FILETE AZARI
1. Salpimiente los filetes de res por ambos lados.
2. Ponga sobre fuego alto un sartén con el aceite de oliva; cuando humee, fría los filetes durante 8 minutos por cada lado para obtener un término medio. Déjelos más tiempo en el sartén si los desea más cocidos.
3. Distribuya en el centro de cuatro platos individuales el puré de papa; ponga encima de cada uno 1 filete, y alrededor las setas asadas. Bañe los filetes con la salsa *gravy* y decore con las hojuelas de betabel, el poro frito y hojas de estragón.

CRÈME BRÛLÉE
DE ELOTE

INGREDIENTES

BROCHETAS DE DECORACIÓN
- c/s de aceite para freír
- 4 tiras de espagueti crudo
- 3 cucharadas de granos de elote de lata

CRÈME BRÛLÉE
- 2 tazas de crema para batir
- 220 g de elote de lata + c/s para decorar
- 5 yemas
- 2 cucharadas de azúcar
- 2 cucharadas de extracto de vainilla
- c/s de frambuesas para decorar

PREPARACIÓN

BROCHETAS DE DECORACIÓN
1. Coloque en un sartén mediano el aceite y caliéntelo. Fría en él las tiras de espagueti hasta que estén crujientes. Inserte los granos de elote a manera de brocheta. Reserve.

CRÈME BRÛLÉE
1. Licue ½ taza de crema con la mitad de los granos de elote. Cuele la mezcla y resérvela.
2. Bata en un tazón mediano las yemas con el azúcar hasta obtener una mezcla uniforme. Incorpore el resto de la crema para batir, el extracto de vainilla y reserve.
3. Mezcle en una cacerola mediana ambas preparaciones y cueza la preparación sobre fuego medio-bajo, moviéndola constantemente, durante 15 o 20 minutos. Retire la preparación del fuego y resérvela.
4. Precaliente el horno a 120 °C.
5. Coloque en una bandeja honda para hornear varios tazones hondos individuales. Distribuya en ellos el resto de los granos de elote y vierta en cada uno la mezcla de *crème brûlée*. Agregue agua dentro de la bandeja honda hasta que cubra la mitad inferior externa de los tazones.
6. Hornee las *crèmes brûlées* entre 35 y 45 minutos. Retírelas del horno y déjelas enfriar.
7. Espolvoree cada *crème brûlée* con el azúcar mascabado y caramelice la superficie con un soplete de cocina. Decórelas con las brochetas de decoración y las frambuesas.

SAGITARIO

SAGITARIO
23 DE NOVIEMBRE AL 21 DE DICIEMBRE

Elemento. El fuego, viejo y sabio, es su espíritu. La aventura es la motivación primordial en la vida de los sagitario. Son extrovertidos, optimistas y entusiastas; los cambios son esenciales en su personalidad.

Encontrarle sentido a las cosas y a la vida es parte de la búsqueda personal; su mente es inquieta y los lleva a viajar, conocer nuevas culturas y adquirir nuevos conocimientos. Eso puede hacerlos parecer arrogantes y presumidos.

Carácter. Los sagitario disfrutan reír y compartir su alegría con las personas que los rodean. Son muy sociables, por lo que logran hacer amistades perdurables con bastante facilidad. Su dedicación es muy importante dentro de la familia, pues están dispuestos a hacer cualquier cosa por los suyos.

La libertad y la independencia son muy importantes en su vida. Los nacidos bajo este signo son idealistas y necesitan perseguir sus sueños románticos. Son amorosos y sensuales con su pareja, y aunque saben agradarle y retenerle, no les agrada sentirse atados. Su visión del amor está llena de drama, deseos, perfección y espiritualidad.

Paladar. Los sagitarios son de paladar goloso y extraordinario, convirtiendo a los dulces en su punto débil. Su espíritu aventurero los convierte en amantes de las comidas de otras latitudes, no importa la excentricidad o elegancia del platillo; lo importante es el deleite de sabores desconocidos.

Necesidades alimenticias. Es recomendable que los nacidos bajo este signo consuman alimentos ricos en vitaminas A, D, E, K, B_3, y C, como pollo, ternera, salvado, perejil, espinaca, queso, yema, etc.

La grasa que se acumula en caderas y muslos es un punto débil de los sagitario, por lo que deben evitar las comidas grasas que, además, elevan el colesterol. Los alimentos al vapor o cocinados con poco aceite son perfectos para su dieta.

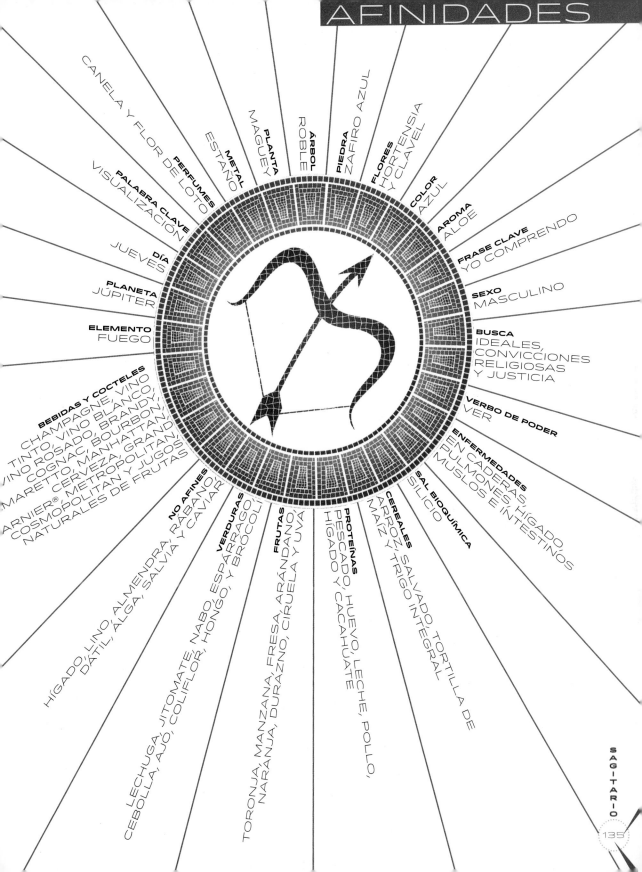

PERFUMES
CANELA Y FLOR DE LOTO

METAL
ESTAÑO

PLANTA
MAGUEY

ÁRBOL
ROBLE

PIEDRA
ZAFIRO AZUL

FLORES
HORTENSIA Y CLAVEL

COLOR
AZUL

AROMA
ALOE

PALABRA CLAVE
VISUALIZACIÓN

FRASE CLAVE
YO COMPRENDO

DÍA
JUEVES

SEXO
MASCULINO

PLANETA
JÚPITER

BUSCA
IDEALES,
CONVICCIONES
RELIGIOSAS
Y JUSTICIA

ELEMENTO
FUEGO

VERBO DE PODER
VER

BEBIDAS Y COCTELES
CHAMPAGNE, VINO
TINTO, VINO BLANCO,
VINO ROSADO, BRANDY,
COGNAC, BOURBON,
MARETTO, MANHATTAN,
GARNIER® CERVEZA GRAND
COSMOPOLITAN, METROPOLITAN,
NATURALES DE FRUTAS
Y JUGOS

ENFERMEDADES
EN CADERAS, HÍGADO,
PULMONES E INTESTINOS
MUSLOS

SAL BIOQUÍMICA
SILICIO

NO AFINES
HÍGADO, LINO, ALMENDRA, RÁBANO,
DÁTIL, ALGA, SALVIA Y CAVIAR

VERDURAS
LECHUGA, JITOMATE, NABO, ESPÁRRAGO,
CEBOLLA, AJO, COLIFLOR, HONGO, Y BRÓCOLI

FRUTAS
TORONJA, MANZANA, FRESA, ARÁNDANO,
NARANJA, DURAZNO, CIRUELA Y UVA

PROTEÍNAS
PESCADO, HUEVO, LECHE, POLLO,
HÍGADO Y CACAHUATE

CEREALES
ARROZ, SALVADO, TORTILLA DE
MAÍZ Y TRIGO INTEGRAL

CHIPOTLES MECOS
AL PILONCILLO

INGREDIENTES

SALSA DE JITOMATE
- 8 jitomates
- 1 diente de ajo
- 1 cebolla pequeña
- 1 pizca de consomé de pollo en polvo
- sal y pimienta negra molida, al gusto

CHILES MECOS
- 12 chiles mecos
- 250 g de piloncillo
- 50 g de queso azul
- 250 g de queso crema
- 4 cucharadas de nueces troceadas
- 250 g de pasta filo
- 2 cucharadas de mantequilla derretida
- 1 huevo batido
- c/s de aceite de maíz para freír
- c/s de huauzontles para decorar
- ½ receta de melaza de balsámico (ver pág. 190)

PROCEDIMIENTO

SALSA DE JITOMATE
1. Hierva en suficiente agua los jitomates con el ajo y la cebolla durante 30 minutos. Escurra los ingredientes, licúelos y cuele el molido.
2. Ponga sobre fuego medio una cacerola mediana con el molido de jitomate y deje que hierva hasta que se reduzca y tenga consistencia de salsa. Agregue el consomé de pollo en polvo, salpimiente al gusto y reserve la salsa.

CHILES MECOS
1. Hierva en una olla mediana en suficiente agua los chiles mecos con el piloncillo durante dos horas o hasta que estén muy suaves. Escúrralos perfectamente, realíceles un corte vertical para retirar venas y semillas y resérvelos.
2. Bata en un tazón mediano el queso azul con el queso crema y la nuez hasta obtener una mezcla homogénea. Rellene con esta preparación los chiles mecos.
3. Corte la pasta filo en tiras de aproximadamente 15 centímetros. Barnice las tiras con la mantequilla y envuelva con éstas los chiles. Séllelas con el huevo para evitar que se abran al freírse.
4. Ponga sobre fuego medio-alto un sartén mediano con el aceite; cuando esté caliente, fría en él los chiles hasta que la pasta filo esté muy dorada.
5. Forme en cuatro platos planos un espejo con la salsa y ponga en cada uno tres chiles meco. Decore con los huauzontles y la melaza de balsámico.

ENSALADA
GRIEGA

INGREDIENTES

VINAGRETA DE ORÉGANO
- 3 cucharadas de orégano seco
- 2 cucharadas de nuez
- 2 cucharadas de piñones
- 2 cucharadas de queso parmesano rallado
- ½ taza de aceite de oliva
- sal y pimienta negra molida, al gusto

ENSALADA GRIEGA
- 5 hojas de lechuga francesa
- 5 hojas de lechuga italiana
- 5 hojas de lechuga sangría
- 250 g de jitomates *cherry* partidos por la mitad
- 15 aceitunas negras
- 1 pimiento rojo cortado en tiras
- 1 pimiento verde cortado en tiras
- 12 esferas pequeñas de queso de cabra
- ¼ de cebolla morada fileteada
- c/s de cebollín para decorar

PROCEDIMIENTO

VINAGRETA DE ORÉGANO
1. Coloque en el vaso de la licuadora el orégano, la nuez, los piñones y el queso parmesano. Licue e incorpore poco a poco el aceite de oliva hasta que obtenga una vinagreta homogénea. Salpimiéntela y resérvela.

ENSALADA GRIEGA
1. Trocee las hojas de lechuga con las manos y distribúyalas en cuatro platos hondos.
2. Agregue a las lechugas los jitomates *cherry*, las aceitunas negras, los pimientos, las esferas de queso de cabra y la cebolla morada.
3. Decore la ensalada con el cebollín y acompáñela con la vinagreta de orégano.

CAMARONES
AL CHILAQUIL

INGREDIENTES

SALSA
- 5 cucharadas de aceite de oliva
- ½ cebolla morada picada
- 1 diente de ajo picado
- 4 jitomates picados
- 8 chiles de árbol
- el jugo de 2 limones
- ½ taza de Salsa Huichol®
- sal al gusto

FRIJOLES REFRITOS
- 3 cucharadas de manteca de cerdo
- ½ cebolla picada
- 1 diente de ajo picado
- 500 g de frijoles bayos, cocidos
- 1 chile chipotle picado
- sal al gusto

CAMARONES AL CHILAQUIL
- 2 cucharadas de aceite de oliva
- 30 camarones medianos, pelados y limpios
- 4 tazas de totopos de maíz
- c/s de rebanadas de plátano macho frito, para decorar
- c/s de crema ácida para decorar
- c/s de queso Cotija desmoronado
- c/s de tostadas fritas de maíz azul (ver pág. 191)

PROCEDIMIENTO

SALSA
1. Ponga sobre fuego medio un sartén grande con el aceite de oliva y sofría en él la mitad de la cebolla y el ajo durante 5 minutos. Agregue los jitomates picados y los chiles de árbol, y deje sobre el fuego durante 7 minutos más.
2. Incorpore el jugo de limón y la Salsa Huichol® y deje que la preparación se cocine durante 5 minutos más. Añada sal al gusto, licuela y reserve la salsa.

FRIJOLES REFRITOS
1. Ponga sobre fuego bajo una cacerola mediana con la manteca de cerdo y sofría la cebolla y el ajo durante 5 minutos.
2. Incorpore los frijoles y macháquelos con un aplastador de frijoles hasta que tengan una consistencia de puré. Añada el chile chipotle y deje los frijoles sobre el fuego durante 10 minutos más, moviéndolos ocasionalmente. Añada sal al gusto y resérvelos.

CAMARONES AL CHILAQUIL
1. Ponga sobre fuego medio un sartén grande con el aceite de oliva y sofría en él los camarones hasta que estén cocidos. Añádales sal, retire los camarones del sartén y resérvelos.
2. Agregue los totopos de maíz y la salsa al sartén. Mezcle bien y añada los camarones cocidos; déjelos sobre el fuego durante un par de minutos.
3. Sirva la preparación en un plato acompañado de los frijoles refritos y las rebanadas de plátano macho. Decore con crema ácida, el queso Cotija y las tostadas fritas de maíz azul.

PECHUGA DE PATO
CON MOSTO

INGREDIENTES

GUARNICIÓN
- 500 g de papas cambray
- 4 cucharadas de mantequilla
- 250 g de echalotes
- sal y pimienta negra molida, al gusto

MELAZA DE MOSTO
- 1 litro de vino tinto de mesa
- ½ taza de azúcar

MAGRETS DE PATO
- 2 cucharadas de aceite de oliva
- 4 *magrets* de pato
- c/s de verdolagas para decorar

PROCEDIMIENTO

GUARNICIÓN
1. Pele las papas cambray y hiérvalas en suficiente agua con sal durante 30 minutos o hasta que estén suaves. Escúrralas y déjelas enfriar.
2. Ponga sobre fuego medio un sartén con la mantequilla y saltee en ella los echalotes con las papas, salpimiente y saltee la preparación durante 25 minutos o hasta que las papas estén cocidas. Retírela del fuego y resérvela.

MELAZA DE MOSTO
1. Ponga sobre el fuego una cacerola con el vino tinto y el azúcar. Retírela del fuego cuando tenga una consistencia de melaza. Déjela reposar.

MAGRETS DE PATO
1. Precaliente el horno a 180 °C.
2. Ponga sobre fuego alto un sartén mediano con el aceite de oliva. Cuando comience a humear, fría en él los *magrets* por la parte de la piel hasta que esté dorada. Termine de cocinar los *magrets* en el horno durante 10 o 15 minutos, dependiendo del término que desee.
3. Retire los *magrets* del horno y córtelos en rebanadas.
4. Sirva cada *magret* de pato en un plato, dándole forma de abanico. Báñelo con la melaza de mosto y acompañe con la guarnición. Decore con las verdolagas.

ACOMPAÑE ESTE PLATO CON UNA COPA DE VINO TINTO.

FILETE DE RES
A LAS TRES PIMIENTAS

INGREDIENTES

CENIZA DE HABANERO
- 6 chiles habaneros chicos

VINAGRETA DE CENIZA DE HABANERO
- 1 taza de vinagre de arroz
- 1 taza de aceite de oliva
- sal y pimienta negra molida, al gusto

CHAMPIÑONES SALTEADOS
- 500 g de champiñones
- 45 g de mantequilla
- ½ cebolla picada
- sal y pimienta negra molida, al gusto

FILETE DE RES A LAS TRES PIMIENTAS
- 1 cucharada de pimienta verde
- 1 cucharada de pimienta negra
- 1 cucharada de pimienta roja
- 4 filetes de res
- 4 cucharadas de aceite de oliva
- 1 receta de vinagreta de tamarindo (ver pág. 80)
- sal al gusto
- c/s de hojas de epazote fritas para decorar

PROCEDIMIENTO

CENIZA DE HABANERO
1. Tueste los chiles en un comal a fuego medio hasta que se quemen por completo, y la humedad de ellos se haya evaporado.
2. Pulverice los chiles en la licuadora hasta obtener un polvo muy fino. Resérvelo.

VINAGRETA DE CENIZA DE HABANERO
1. Mezcle en un tazón pequeño el vinagre de arroz con la ceniza de habanero y sal y pimienta al gusto.
2. Incorpore el aceite poco a poco mientras bate, hasta que obtenga una vinagreta homogénea. Resérvela.

CHAMPIÑONES SALTEADOS
1. Corte los champiñones en cuartos.
2. Ponga sobre fuego medio un sartén con la mantequilla y sofría en ella la cebolla hasta que esté traslúcida. Incorpore los champiñones, salpiméntelos y déjelos cocer durante 10 minutos, moviéndolos constantemente. Retírelos del fuego y déjelos enfriar.

FILETE DE RES A LAS TRES PIMIENTAS
1. Muela en un mortero o molino para café las tres pimientas hasta obtener un polvo tosco. Pase los filetes de res sobre las pimientas pulverizadas y añádales un poco de sal.
2. Ponga sobre fuego alto un sartén mediano con el aceite de oliva. Cuando este último comience a humear, fría en él los filetes durante 8 minutos por cada lado para obtener un término medio. Déjelos más tiempo en el sartén si los desea más cocidos.
3. Sirva cada filete en un plato y bañe la mitad de él con la vinagreta de tamarindo y la otra mitad con la vinagreta de ceniza volcánica. Acompañe con los champiñones salteados y decore con las hojas de epazote.

MOUSSE DE CHOCOLATE
OAXAQUEÑO

INGREDIENTES

- 500 g de chocolate oaxaqueño
- 1 taza de leche
- 2 tazas de crema para batir
- c/s de flores comestibles para decorar

PROCEDIMIENTO

1. Trocee el chocolate en pedazos pequeños.
2. Ponga la leche a baño María y añádale los trozos de chocolate. Cuando el chocolate se haya derretido y la leche tenga una consistencia tersa, retire la preparación del fuego. Déjela enfriar.
3. Bata 2 tazas de crema para batir en una batidora o con un batidor globo hasta que duplique su volumen.
4. Agregue a la crema la mezcla de chocolate con movimientos envolventes delicados para conservar el máximo de aire posible en la preparación. Refrigere la *mousse* durante 30 minutos.
5. Sirva la *mousse* en copas martineras y refrigérela nuevamente. Decórela con flores comestibles.

TARTA TATIN
DE XOCONOSTLE

INGREDIENTES

CREMA PASTELERA DE CARDAMOMO
- 2 tazas de leche
- ½ taza de azúcar
- 3½ cucharadas de cardamomo
- 1 yema
- 2 cucharadas de harina de trigo
- 2 cucharaditas de fécula de maíz disueltas en 1 cucharada de agua

TARTA *TATIN*
- 12 xoconostles
- 2 tazas de azúcar
- 1 trozo de canela de 5 centímetros
- la ralladura de 1 naranja
- 500 g de pasta filo cortada en cuadros de 10 centímetros
- c/s de aceite en aerosol
- 100 g de anís estrella
- c/s de flores comestibles para decorar

PROCEDIMIENTO

CREMA PASTELERA DE CARDAMOMO
1. Ponga sobre fuego medio una cacerola con la leche, la mitad del azúcar y el cardamomo. Cuando comience a hervir, retírela del fuego y cuélela.
2. Bata en un tazón pequeño el azúcar restante con la yema. Añádale un poco de la leche con cardamomo, mezcle bien, y viértale el resto de la leche.
3. Ponga sobre el fuego la cacerola donde hirvió la leche, y vierta en ella la preparación de leche, la harina y la fécula de maíz disuelta en agua. Mezcle constantemente la preparación y retírela del fuego cuando comience a espesarse. Debe obtener una crema espesa y uniforme. Retire la crema del fuego, déjela enfriar y resérvela en refrigeración dentro de un recipiente con tapa.

TARTA *TATIN*
1. Pele los xoconostles, córtelos por la mitad y retíreles las semillas.
2. Colóquelos en una olla pequeña junto con el azúcar, la canela y la ralladura de naranja y 2 tazas de agua. Ponga la olla sobre el fuego durante 1 hora o hasta que los xoconostles estén cristalinos. Retírelos del fuego, cuélelos y déjelos entibiar.
3. Precaliente el horno a 180 °C.
4. Envuelva las mitades de xoconostle en los cuadros de pasta filo, dejando el lado hueco hacia arriba. Rocíe con el aceite en aerosol la pasta para fijarla a la fruta. Ponga un anís dentro de la cavidad del xoconostle y hornéelos durante 10 minutos.
5. Retire el anís estrella de los xoconostles y sirva sobre ellos la crema pastelera. Decore con las flores comestibles.

22 DE DICIEMBRE AL 20 DE ENERO

CAPRICORNIO

CAPRICORNIO

CAPRICORNIO

22 DE DICIEMBRE AL 20 DE ENERO

Elemento. Los nacidos bajo el signo de Capricornio tienen como espíritu la tierra y son maestros del autocontrol. La estabilidad los define totalmente, por consiguiente les gustan las cosas claras y tangibles. El trabajo, la responsabilidad y la practicidad son factores importantes para conseguir sus objetivos y pueden llegar a ser tercos para alcanzarlos. Son tan decididos que generalmente no escuchan los consejos de sus seres queridos, lo cual los lleva a cometer ciertos errores en su vida.

Carácter. A los capricornio les cuesta mucho trabajo mostrar sus sentimientos, por lo que pueden parecer personas frías. Paradójicamente, les gusta procurar y cuidar a su pareja, aunque con pocas muestras visibles de afecto. Se muestran como seres fuertes, pero en su interior son muy vulnerables.

Aman la tranquilidad y sobre todo el respeto a su privacidad. Deben mantener una estabilidad emocional a través de la meditación, respiración o actividades que les ayuden a relajarse y no perder control de sus emociones. Sus valores más apreciados son la tradición, la familia y todo aquello que establezca una vida disciplinada y en orden.

Paladar. Los capricornio suelen controlar bien lo que comen para evitar complicaciones en su organismo. Su paladar es muy firme y preciso con los sabores al momento de comer; si un platillo no es de su agrado simplemente lo manifiestan. Son moderados y cautelosos en el comer, así que la gula no es uno de sus defectos.

Necesidades alimentarias. Es importante que consuman alimentos ricos en vitaminas C, D y K, como papaya, mango, pimiento, jamón, salami, chile en polvo y similares. Deben aumentar el consumo de productos ricos en calcio y magnesio para favorecer la relajación muscular, mantener huesos sanos y evitar contracturas.

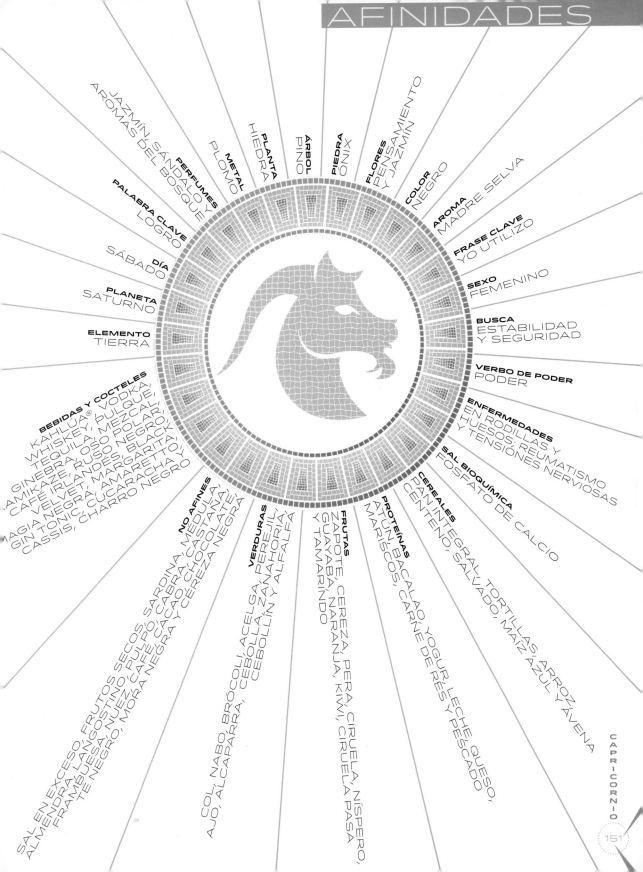

PERFUMES
JAZMÍN SÁNDALO Y
AROMAS DEL BOSQUE

METAL
PLOMO

PLANTA
HIEDRA

ÁRBOL
PINO

PIEDRA
XINO

FLORES
PENSAMIENTO
Y JAZMÍN

COLOR
NEGRO

AROMA
MADRE SELVA

FRASE CLAVE
YO UTILIZO

SEXO
FEMENINO

BUSCA
ESTABILIDAD
Y SEGURIDAD

VERBO DE PODER
PODER

ENFERMEDADES
EN RODILLAS Y
HUESOS: REUMATISMO
Y TENSIONES NERVIOSAS

SAL BIOQUÍMICA
FOSFATO DE CALCIO

CEREALES
PAN INTEGRAL, TORTILLAS, ARROZ,
CENTENO, SALVADO, MAÍZ AZUL Y AVENA

PROTEÍNAS
ATÚN, BACALAO, YOGUR, LECHE, QUESO,
MARISCOS, CARNE DE RES Y PESCADO

FRUTAS
ZAPOTE, CEREZA, PERA, CIRUELA, NÍSPERO,
GUAYABA, NARANJA, KIWI, CIRUELA PASA
Y TAMARINDO

VERDURAS
PEREJIL,
CEBOLLA, ZANAHORIA,
CEBOLLÍN Y ALFALFA

NO AFINES
MÉDULA,
CABRA, CASTAÑA,
PULPO, CACAO, CHOCOLATE,
AJO, ALCAPARRA, COL, NABO, BRÓCOLI, ACELGA

BEBIDAS Y COCTELES
KAHLÚA® VODKA,
WHISKEY, PULQUE,
TEQUILA, MEZCAL,
GINEBRA, OSO POLAR,
KAMIKAZE, RUSO NEGRO,
CAFÉ IRLANDÉS, BLACK
VELVET, MARGARITA,
MAGIA NEGRA, AMARETTO,
GIN TONIC, CUCARACHA Y
CASSIS, CHARRO NEGRO

SAL EN EXCESO, FRUTOS SECOS, SARDINA,
ALMENDRA, LANGOSTINO, NUEZ, CAFÉ
FRAMBUESA, MORA NEGRA Y CEREZA NEGRA,
PÂTÉ NEGRO,

PALABRA CLAVE
LOGRO

DÍA
SÁBADO

PLANETA
SATURNO

ELEMENTO
TIERRA

ENSALADA DE
ATÚN

INGREDIENTES

- 9 jitomates
- 700 g de lomo de atún, cortado en cubos grandes
- 5 hojas de lechuga francesa
- 5 hojas de lechuga sangría
- 5 hojas de lechuga italiana
- 1 taza de hojas de espinacas
- 1 receta de aderezo lima (ver pág. 44)
- 16 espárragos blanqueados
- ½ limón eureka para decorar
- 1 receta de lima caramelo (ver pág. 56)
- c/s de cebollín para decorar

PROCEDIMIENTO

1. Retire el pedúnculo de los jitomates y realice un corte de cruz en la parte inferior de cada uno.
2. Ponga sobre el fuego una olla mediana con suficiente agua para sumergir en ella los jitomates. Cuando esté hirviendo, sumerja los jitomates, espere a que hierva de nuevo el agua y déjelos hervir durante 30 segundos. Sáquelos del agua, retíreles la piel y sumérjalos en un recipiente con agua y hielos. En caso de que no pueda quitarles la piel, hiérvalos durante 10 o 15 segundos más.
3. Corte los jitomates en cubos grandes y resérvelos.
4. Ponga sobre fuego medio un sartén antiadherente y ase en él los trozos de atún, uno por uno y por todos sus lados, sólo para dorar la superficie. Retírelos del sartén y resérvelos.
5. Trocee las lechugas y mézclelas en un tazón de vidrio grande con las espinacas y el aderezo lima.
6. Sirva la ensalada en un plato plano junto con los cubos de jitomate y los espárragos. Decore con el limón, la lima caramelo y el cebollín.

CALAMARES
PARMESANOS

INGREDIENTES

MAYONESA DE CHIPOTLE
- 1 taza de mayonesa
- 4 chiles chipotles

CALAMARES PARMESANOS
- 1 taza de cerveza
- 1½ tazas de harina de trigo
- 1 cucharadita de sal
- c/s de aceite de maíz para freír
- 2 claras
- 1 taza de queso parmesano rallado
- 1 kg de aros de calamar
- 1 chile chipotle cortado en tiras
- 2 limones eureka
- c/s de flores comestibles para decorar

PROCEDIMIENTO

MAYONESA DE CHIPOTLE
1. Licue la mayonesa con los chiles chipotles hasta obtener un aderezo homogéneo. Resérvelo.

CALAMARES PARMESANOS
1. Mezcle en un tazón grande la cerveza, con la harina y la sal. Deje reposar la mezcla a temperatura ambiente durante 30 minutos.
2. Ponga sobre fuego medio un sartén grande con el aceite.
3. Bata las claras en la batidora durante 5 minutos o hasta que lleguen a punto de turrón. Incorpórelas con movimientos envolventes **a la mezcla de cerveza junto con el queso hasta obtener una mezcla homogénea.**
4. Sumerja por tandas los aros de calamar en la mezcla de cerveza y queso; escúrralos bien y fríalos en el aceite caliente hasta que estén crujientes. Resérvelos en un plato con papel absorbente para eliminar el exceso de grasa.
5. Sirva los aros de calamar con la mayonesa de chipotle y las tiras de chile chipotle. Acompáñelos con los limones y decore con flores comestibles.

CHORIZO
A LA SIDRA

INGREDIENTES

- 5 cucharadas de aceite de oliva
- 1 diente de ajo picado
- 1 kg de chorizo español
- 1 cebolla fileteada
- 4 manzanas verdes peladas, descorazonadas y partidas en gajos
- ⅓ de taza de azúcar
- 5 tazas de sidra de manzana
- c/s de flores comestibles para decorar

PROCEDIMIENTO

1. Ponga sobre fuego medio un sartén con el aceite de oliva y sofría en él, durante 1 minuto, el ajo picado. Agregue el chorizo entero y deje que se dore durante 5 minutos.
2. Añada al chorizo la cebolla, la manzana y el azúcar. Mezcle todo y deje cocer la preparación durante 30 minutos o hasta que obtenga una salsa con consistencia de caramelo.
3. Vierta la sidra y deje en el fuego durante 20 minutos más, o hasta que se evapore todo el líquido.
4. Sirva en un plato individual hondo una pieza de chorizo y encima de éste un poco de manzana con la cebolla. Vierta encima el jugo restante y decore con las flores comestibles.

ACOMPAÑE ESTE PLATO CON UNA COPA DE WHISKEY.

PASTA CREMOSA
EN SALSA DE VINO BLANCO

INGREDIENTES

- 500 g de espárragos partidos en tercios
- 8 champiñones medianos partidos en cuartos
- 2 cucharadas de aceite de oliva
- ½ cebolla picada + ½ entera
- ½ diente de ajo picado + ½ entero
- 500 g de pechuga de pollo sin hueso y sin piel, cortada en cubos pequeños
- ⅓ de taza de vino blanco
- 500 g de pasta *penne* o *fusilli*
- 2 cucharadas de queso tipo *mozzarella*
- 5 cucharadas de queso parmesano rallado
- ⅓ de taza de crema ácida
- 1 pimiento rojo cortado en tiras delgadas
- 1 cucharada de cebollín picado para decorar
- sal y pimienta negra recién molida

PROCEDIMIENTO

1. Hierva los espárragos en suficiente agua con sal durante 5 minutos o hasta que estén cocidos. Escúrralos, sumérjalos en un recipiente con agua fría y hielos y resérvelos. Hierva durante el mismo tiempo los champiñones, escúrralos y resérvelos también.
2. Ponga sobre fuego medio un sartén con el aceite de oliva y sofría en él la cebolla picada y el ajo picado hasta que estén traslúcidos. Incorpore los cubos de pollo y sal y pimienta al gusto, y continúe la cocción hasta que el pollo esté dorado.
3. Incorpore los champiñones y los espárragos a la preparación junto con el vino blanco y deje que este último se evapore. Reserve.
4. Cueza la pasta según las indicaciones del empaque en suficiente agua con sal, la ½ cebolla y el ½ diente de ajo. Escurra la pasta y trasládela a una cacerola mediana.
5. Caliente la cacerola donde está la pasta y agregue el queso tipo *mozzarella* y el queso parmesano; cuando se derritan, añada la crema, mezcle bien y retire la preparación del fuego. Resérvela.
6. Sirva la pasta en un plato y coloque encima el salteado de pollo. Decore con las tiras de pimiento rojo y el cebollín picado.

CHILE POBLANO
CON DÚO DE CARNE

INGREDIENTES

ARROZ CREMOSO
- 1 taza de arroz blanco
- 1 cucharada de aceite de maíz
- ½ cebolla picada
- 1 diente de ajo picado
- 1½ tazas de agua
- 1 cucharada de consomé de pollo en polvo
- 1 taza de crema para batir
- sal al gusto

SALSA MARTAJADA
- 4 jitomates
- ½ cebolla
- 1 diente de ajo
- sal al gusto

CHILE POBLANO CON DÚO DE CARNE
- 4 chiles poblanos
- 100 g de chistorra
- 500 g de carne molida de res
- 1 taza de cerveza clara
- sal y pimienta negra molida, al gusto
- c/s de flores comestibles para decorar
- c/s de cebollín para decorar

PROCEDIMIENTO

ARROZ CREMOSO
1. Coloque el arroz en una coladera y enjuáguelo bajo el chorro de agua del grifo hasta que el agua salga blanca. Déjelo escurrir bien.
2. Ponga sobre fuego medio una cacerola con el aceite y sofría en él la cebolla, el ajo y el arroz entre 3 y 5 minutos. Vierta a la cacerola el agua, el consomé de pollo en polvo y sal al gusto mientras mueve constantemente para evitar que el arroz se pegue. (Es importante que el agua rebase ligeramente el arroz.) Deje hervir la preparación tapada entre 10 y 12 minutos o hasta que el arroz haya absorbido todo el líquido. Retírelo del fuego y déjelo enfriar.
3. Incorpore al arroz la crema para batir y resérvelo.

SALSA MARTAJADA
1. Ase en un comal los jitomates, la cebolla y el ajo hasta que se doren.
2. Licue poco a poco los ingredientes para obtener una salsa espesa y tosca. Añádale sal al gusto y resérvela.

CHILE POBLANO CON DÚO DE CARNE
1. Ase los chiles directamente sobre la flama de la estufa a fuego medio hasta que se tatemen por completo. Introdúzcalos en una bolsa de plástico, espolvoréeles sal y déjelos reposar durante 10 minutos.
2. Pele los chiles bajo el chorro de agua del grifo. Realice a cada uno un corte en el costado y retíreles las semillas y las venas. Resérvelos.
3. Ponga sobre fuego medio un sartén grande y fría en él la chistorra. Retírela del sartén y resérvela.
4. Fría la carne molida durante 5 minutos en el mismo sartén donde frió la chistorra, con 1 cucharada de la grasa que soltó la misma. Añada la carne de la chistorra, la cerveza clara y sal y pimienta al gusto. Continúe la cocción hasta que la cerveza se haya evaporado y retírela del fuego.
5. Rellene los chiles con la preparación de carne.
6. Distribuya en platos individuales planos el arroz cremoso, coloque encima los chiles y cúbralos con la salsa martajada. Decore con flores comestibles y cebollín.

CHEESECAKE
DE GUAYABA

INGREDIENTES

ATE DE GUAYABA
- 500 ml de agua + ½ taza
- 6 guayabas
- 1 taza de azúcar
- 1 trozo de canela de 5 centímetros
- 1 sobre de grenetina de 30 g

BASE DE QUESO
- 570 g de queso crema
- 1 taza de azúcar
- 1 taza de crema para batir
- 2 tazas de leche
- 1 cucharada de grenetina

CHEESECAKE DE QUESO
- 1 receta de melaza de mosto (ver pág. 142)
- 2 guayabas cortadas en rebanadas delgadas para decorar
- c/s de hojas de menta para decorar
- c/s de espagueti frito para decorar

PROCEDIMIENTO

ATE DE GUAYABA
1. Hierva en una olla grande a fuego bajo el medio litro de agua junto con las guayabas, el azúcar y la canela entre 10 y 15 minutos. Licue los ingredientes con el agua y cuele.
2. Hidrate en un tazón grande la grenetina con la media taza de agua restante durante 5 minutos.
3. Derrita la grenetina en el microondas durante algunos segundos y vierta poco a poco la pulpa de guayaba mientras mezcla.
4. Vierta la preparación en un refractario grande y refrigérelo durante 1 hora como mínimo.

BASE DE QUESO
1. Bata en un tazón grande el queso crema con el azúcar, la crema para batir y la leche hasta obtener una mezcla homogénea.
2. Hidrate en un tazón grande la grenetina con 3 cucharadas de agua.
3. Derrita la grenetina en el microondas durante algunos segundos e incorpore lentamente a ésta la mezcla de queso crema para que se integren, pero sin que la grenetina se cuaje. Coloque la mezcla en un refractario y refrigérela durante 40 minutos como mínimo.

CHEESECAKE DE QUESO
1. Corte con un cortador circular para galletas figuras del ate de guayaba y de la base de queso. Acomode el círculo de ate sobre la base de queso.
2. Sirva en un plato individual plano la melaza de mosto y acomode una porción de ate con queso.
3. Decore con las rebanadas de guayaba, la menta y el espagueti frito.

ACUARIO

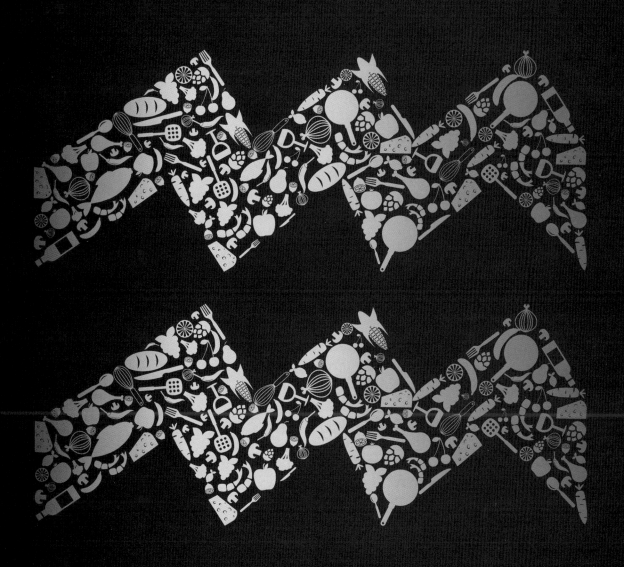

ACUARIO
21 DE ENERO AL 19 DE FEBRERO

Elemento. El aire es su espíritu. Disfrutan la vida, nunca se aburren, experimentan el mundo a su modo y aceptan con sabiduría triunfos y derrotas. Su misión en la vida es superar lo viejo para traer lo nuevo a su mundo. Son consideradas personas libres, inteligentes, originales y perseverantes.

Los nacidos bajo este signo tienen, por una parte, la intuición como una de sus cualidades más desarrolladas y, por otra, son demasiado analíticos, ya que sus objetivos siempre están pensados a largo plazo. Las causas humanitarias y la lucha por la justicia estimulan su espíritu revolucionario, aunque también pueden ser algo excéntricos, aislados y controladores.

Carácter. Los acuario son seres sumamente independientes; la libertad es su bien más preciado. Demuestran su seguridad al grado de esconder perfectamente su sensibilidad y soledad emocional. Sólo necesitan de una persona que les proporcione equilibrio y confianza.

Paladar. Su ser libre y rebelde lo demuestran en la mesa; a los acuario no les preocupa mucho su alimentación y prefieren la practicidad, lo que los convierte en asiduos consumidores de alimentos enlatados, congelados y de comida rápida. No obstante, es importante que cuiden su alimentación, ya que uno de los males que les aqueja es la circulación sanguínea deficiente y la retención de líquidos.

Necesidades alimentarias. Se recomienda que consuman carne baja en grasas, pescados, y que utilicen poca sal. Es importante que los nacidos bajo este signo incluyan en su régimen alimentos ricos en hierro y vitaminas A, C, B, D, E y K, como zanahoria, brócoli, melón, papaya, cacahuate, atún, salvado, lechuga, espinaca y similares.

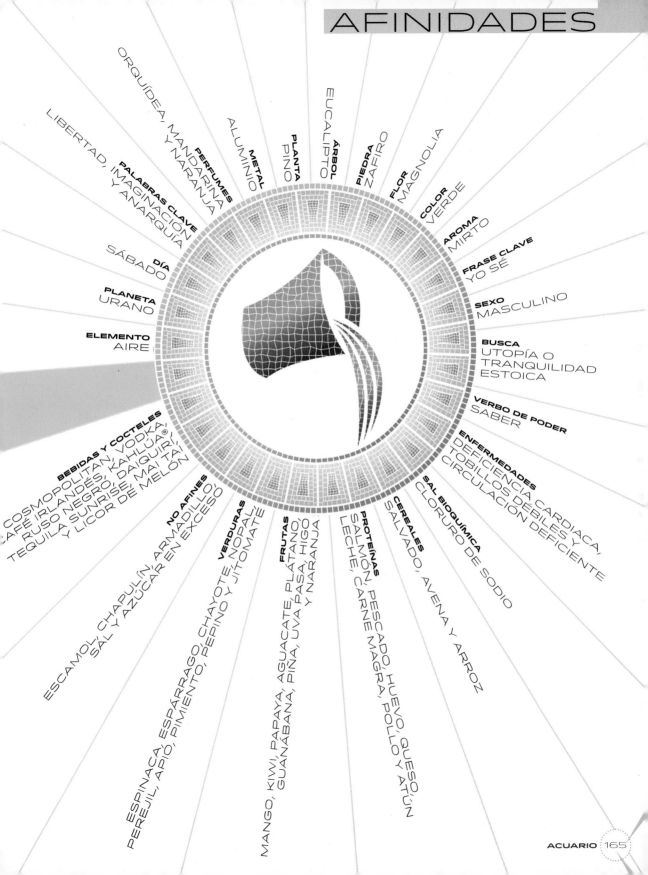

PERFUMES
ORQUÍDEA, MANDARINA Y NARANJA

METAL
ALUMINIO

PLANTA
PINO

ÁRBOL
EUCALIPTO

PIEDRA
ZAFIRO

FLOR
MAGNOLIA

COLOR
VERDE

AROMA
MIRTO

FRASE CLAVE
YO SÉ

SEXO
MASCULINO

BUSCA
UTOPÍA O TRANQUILIDAD ESTOICA

VERBO DE PODER
SABER

ENFERMEDADES
DEFICIENCIA CARDIACA, TOBILLOS DÉBILES Y CIRCULACIÓN DEFICIENTE

SAL BIOQUÍMICA
CLORURO DE SODIO

CEREALES
SALVADO, AVENA Y ARROZ

PROTEÍNAS
SALMÓN, PESCADO, HUEVO, QUESO, LECHE, CARNE MAGRA, POLLO Y ATÚN

FRUTAS
MANGO, KIWI, PAPAYA, AGUACATE, PLÁTANO, GUANÁBANA, PIÑA, UVA PASA, HIGO Y NARANJA

VERDURAS
ESPINACA, ESPÁRRAGO, CHAYOTE NOPAL, PEREJIL, APIO, PIMIENTO, PEPINO Y JITOMATE

NO AFINES
ESCAMOL, CHAPULÍN, ARMADILLO, SAL Y AZÚCAR EN EXCESO

BEBIDAS Y COCTELES
COSMOPOLITAN, VODKA, CAFÉ IRLANDÉS, KAHLÚA®, RUSO NEGRO, DAIQUIRI, TEQUILA SUNRISE, MAI TAI Y LICOR DE MELÓN

ELEMENTO
AIRE

PLANETA
URANO

DÍA
SÁBADO

PALABRAS CLAVE
LIBERTAD, IMAGINACIÓN Y ANARQUÍA

TACOS DE PATO

INGREDIENTES

SALSA DE MARACUYÁ
- 2 maracuyás
- 2 cucharadas de azúcar
- 4 cucharadas de vinagre de arroz
- ½ taza de agua
- sal y pimienta negra molida, al gusto

TACOS DE PATO
- c/s de fécula de maíz
- 1 pechuga de pato de 500 g
- 355 ml de refresco de cola
- ½ taza de piña picada finamente
- ½ taza de fresas picadas finamente
- 4 tortillas de harina de trigo
- c/s de aceite de maíz para freír
- c/s de cebollín para decorar

PROCEDIMIENTO

SALSA DE MARACUYÁ
1. Retire la pulpa de los maracuyás y mézclela en una cacerola con el azúcar, el vinagre de arroz y el agua. Colóquela sobre fuego medio y deje que la preparación se cocine entre 10 y 20 minutos o hasta que adquiera la consistencia de una salsa suave y ligeramente espesa. Salpiméntela al gusto y resérvela.

TACOS DE PATO
1. Precaliente el horno a 180 °C.
2. Extienda sobre un plato plano la fécula de maíz y empanice con ella la pechuga de pato. Colóquela en una charola para hornear honda y añádale el refresco de cola, la piña y las fresas picadas. Hornéela durante 1 hora. Sáquela del horno y déjela enfriar.
3. Desmenuce la pechuga de pato y con las tortillas de harina y la carne elabore tacos. Ponga sobre el fuego un sartén con el aceite y fría los tacos de pato hasta que estén crujientes.
4. Sirva en un plato grande la salsa de maracuyá y sobre ésta los tacos. Barnice cada taco con la salsa de refresco de cola y decore con el cebollín.

TACOS DE PESCADO
AL ACHIOTE

INGREDIENTES

- 4 chiles guajillo sin venas ni semillas
- 4 cucharaditas de pasta de achiote
- 1 diente de ajo
- 1 cebolla
- 4 cucharaditas de aceite de oliva
- 4 filetes de pescado blanco (huachinango, robalo, mero o similar)
- c/s de tortillas taqueras
- ½ cebolla morada picada
- 2 chiles manzano picados
- 1 rama de cilantro criollo con sus flores
- sal y pimienta negra molida, al gusto

PROCEDIMIENTO

1. Hierva los chiles guajillo en una cacerola con poca agua durante 5 minutos o hasta que estén suaves. Licue los chiles con la pasta de achiote, el ajo y la cebolla. Cuele el molido, salpiméntelo y reserve un poco para servir.
2. Salpimiente los filetes de pescado. Ponga sobre fuego medio un sartén mediano con el aceite de oliva y fría en él los filetes hasta que estén cocidos. Añada el molido de chile guajillo con achiote y deje que la preparación se espese. Deshebre los filetes de pescado con ayuda de un tenedor y retire la preparación del fuego.
3. Elabore tacos con las tortillas taqueras y la preparación de pescado al achiote. Acompañe con la cebolla, el chile manzano y el cilantro criollo con sus flores. Sirva con el molido de chile guajillo que reservó.

BOMBAS DE
CAMARÓN

INGREDIENTES

ADEREZO RAMULADO

- 2 tazas de mayonesa
- ½ taza de mostaza
- ½ taza de salsa cátsup
- 1 cucharada de jugo de limón
- 2 jitomates picados

BOMBAS DE CAMARÓN

- ½ cebolla entera + ½ picada
- ½ diente de ajo
- 250 g de pasta *capellini* o fideo delgado
- 3 cucharadas de mantequilla
- 1 pimiento rojo picado
- 1 rama de apio picada
- 2 cucharadas de consomé de pollo en polvo
- 5 cucharadas de salsa picante
- 2 huevos
- 1 taza de harina de trigo
- 30 camarones pacotilla picados
- 2 cucharadas de mostaza antigua
- ½ cucharadita de pimienta de Cayena
- ½ cucharadita de pimienta negra
- ½ taza de polvo de camarón
- c/s de aceite de maíz para freír
- c/s de flores comestibles para decorar
- c/s de eneldo para decorar

PROCEDIMIENTO

ADEREZO RAMULADO

1. Mezcle en un tazón la mayonesa, la mostaza, la salsa cátsup y el jugo de limón hasta obtener un aderezo homogéneo. Agréguele el jitomate picado y resérvelo en refrigeración.

BOMBAS DE CAMARÓN

1. Ponga sobre el fuego una olla con suficiente agua con sal, ½ cebolla y el ajo. Cuando hierva, añada la pasta *capellini* y deje que se cueza durante 10 minutos, mezclándola ocasionalmente para evitar que se pegue. Cuele la pasta, escúrrala y troceela en pedazos pequeños.
2. Extienda los trozos de pasta en una charola y déjelos secar durante 40 minutos.
3. Ponga sobre fuego medio un sartén mediano con la mantequilla y sofría en ella la cebolla picada, el pimiento y el apio durante 5 minutos. Agregue el consomé de pollo y la salsa picante. Continúe la cocción durante 5 minutos más, retírela del fuego y déjela enfriar.
4. Mezcle en un tazón el *capellini* con el huevo y la harina. Añada los camarones, la mostaza antigua, la pimienta de Cayena, la pimienta negra y el polvo de camarón; mezcle bien hasta obtener una masa con consistencia firme y moldeable; si no puede moldear la pasta, agregue más harina.
5. Ponga sobre fuego medio una cacerola grande con el aceite de maíz. Forme con la masa de camarones pequeñas esferas con ayuda de una cuchara y fríalas hasta que queden crujientes. Colóquelas en un plato con papel absorbente para eliminar el exceso de grasa.
6. Sirva en un plato individual las bombas de camarón acompañadas con el aderezo ramulado. Decore con las flores comestibles y el eneldo.

FILETE RELLENO
DE MARISCOS

INGREDIENTES

CREMA DE CAMARÓN
- 4 cucharaditas de mantequilla
- ½ cebolla troceada
- 1 diente de ajo picado
- las cáscaras y cabezas de 10 camarones
- 4 cucharaditas de harina de trigo
- 2 cucharadas de vino blanco
- 2 tazas de agua
- sal y pimienta negra molida, al gusto

FILETE RELLENO
- 4 cucharadas de mantequilla
- 1 cebolla picada
- 1 diente de ajo picado
- 1 taza de camarones chicos picados
- 1 taza de pulpo cocido, picado
- 2 cucharaditas de consomé de pollo en polvo
- 4 filetes de pescado blanco (huachinango, robalo, mero o similar)
- ½ taza de vino blanco
- sal y pimienta negra molida, al gusto
- c/s de germinado de betabel para decorar
- c/s de hojas fritas de espinaca *baby* para decorar

PROCEDIMIENTO

CREMA DE CAMARÓN
1. Ponga sobre fuego medio una cacerola grande con la mantequilla y sofría en ella la cebolla, el ajo y las cáscaras y cabezas de camarón hasta que se doren.
2. Agregue la harina y mezcle, mientras continúa la cocción, hasta que la preparación adquiera una tonalidad de color marrón claro.
3. Vierta el vino blanco y, sin dejar de mezclar, cueza la preparación hasta que se espese. Añada poco a poco el agua y deje cocer la salsa durante 20 minutos. Retire del fuego la preparación, licuela, cuélela y salpimiéntela al gusto.

FILETE RELLENO
1. Ponga sobre fuego medio una cacerola con la mantequilla y sofría en ella la cebolla y el ajo durante 5 minutos. Añada los camarones y el pulpo y continúe la cocción durante 10 minutos más. Agregue el consomé de pollo en polvo, mezcle y retire la preparación del fuego.
2. Abra los filetes de pescado en forma de mariposa y rellénelos con los mariscos. Salpimiente cada uno por fuera. Prepare una olla a baño María.
3. Coloque los filetes sobre hojas grandes de papel aluminio, vierta 2 cucharadas de vino blanco en cada uno y ciérrelos por los extremos hasta formar un sobre.
4. Cueza los rollos de pescado al vapor en la olla en baño María durante 15 minutos o hasta que estén cocidos. Retire el papel aluminio de los pescados y pártalos por la mitad.
5. Sirva en platos individuales un espejo crema de camarón y coloque sobre éste el filete relleno. Decore con el germinado de betabel y la hoja de espinaca *baby* frita.

PIZZA DE PAPA,
ROMERO Y TRUFA

INGREDIENTES

SALSA DE QUESO CREMA
- 240 g de queso crema
- 1¼ tazas de crema ácida
- sal y pimienta negra molida, al gusto

MASA PARA PIZZA
- ¼ de cucharada de levadura
- ½ taza de agua tibia
- 1¼ tazas de harina de trigo
- ¼ de cucharada de sal
- 1 cucharada de aceite de oliva

PIZZA DE PAPA, ROMERO Y TRUFA
- 5 papas cocidas y cortadas en rebanadas delgadas
- 1 cucharadita de aceite de oliva
- las hojas de 6 ramitas de romero picadas finamente
- 1 cucharadita de aceite de trufa
- sal y pimienta negra molida, al gusto
- 1 jitomate *cherry* para decorar
- 1 rama de romero para decorar

PROCEDIMIENTO

SALSA DE QUESO CREMA
1. Bata en un tazón, con un batidor globo, el queso crema con la crema ácida hasta formar una preparación cremosa y homogénea. Salpimiente la salsa al gusto y resérvela.

MASA PARA PIZZA
1. Disuelva la levadura en un tazón con el agua tibia y deje reposar a temperatura ambiente durante 5 minutos.
2. Incorpore a la preparación anterior el resto de los ingredientes y amásela durante 15 minutos o hasta obtener una masa firme. Deje reposar la masa cubierta con un paño húmedo durante 30 minutos o hasta que duplique su tamaño.
3. Precaliente el horno a 180 °C.
4. Estire la masa y extiéndala de la forma que desee con un grosor de 1.5 centímetros. Hornee la masa durante 20 minutos.

PIZZA DE PAPA, ROMERO Y TRUFA
1. Cubra la base de la masa para pizza prehorneada con la salsa de queso crema y distribuya sobre ésta las rebanadas de papa en forma de abanico. Salpimiente y rocíe con el aceite de oliva.
2. Hornee la pizza durante 10 minutos, retírela del horno y déjela enfriar a temperatura ambiente.
3. Espolvoree a la pizza el romero picado, el aceite de trufa y decórelo con el jitomate *cherry* y la rama de romero.

BUDÍN DE WHISKEY

INGREDIENTES

SALSA DE WHISKEY
- ½ taza de mantequilla
- ¼ de taza de azúcar mascabado
- ¼ de taza de whiskey
- 1 huevo

BUDÍN DE WHISKEY
- 9 yemas
- 2 tazas de leche
- 1 taza de azúcar
- 1 lata de leche condensada
- 3 cucharaditas de esencia de vainilla
- ½ cucharadita de canela en polvo
- 8 bolillos duros
- 3 cucharadas de pasas
- ¼ de receta de crema montada para decorar (ver pág. 189)
- c/s de frutos rojos para decorar

PROCEDIMIENTO

SALSA DE WHISKEY
1. Derrita en un sartén mediano sobre el fuego la mantequilla con el azúcar. Mézclala hasta que se disuelva.
2. Vierta con cuidado el whiskey al sartén y deje que el alcohol se evapore.
3. Bata el huevo en un tazón mediano e incorpórelo poco a poco a la preparación anterior hasta obtener una mezcla homogénea.
4. Regrese la preparación al sartén y continúe la cocción, mientras continúa batiendo hasta obtener una salsa untuosa. Resérvela.

BUDÍN DE WHISKEY
1. Licue las yemas con la leche, el azúcar, la leche condensada, la esencia de vainilla y la canela; reserve la preparación.
2. Parta los bolillos en trozos medianos y sumérjalos en la mezcla anterior con las pasas por una hora.
3. Precaliente el horno a 120 °C.
4. Vacíe la mezcla de pan en un molde grande de panqué y hornéela durante 1½ horas o hasta que al insertar un palillo en el interior éste salga limpio. Deje enfriar el budín y desmóldelo.
5. Distribuya en 8 platos hondos individuales un espejo de salsa de whiskey y sobre éste un trozo de budín. Decore con la crema montada y los frutos rojos.

ACOMPAÑE ESTE POSTRE CON UN VASO DE WHISKEY EN LAS ROCAS.

PISCIS
20 DE FEBRERO AL 20 DE MARZO

Elemento. El agua es su espíritu. Son seres sensibles, instintivos, altruistas, encantadores y amorosos; las personas que los rodean les quieren desde que los conocen. Aunque muestren y tengan mucha experiencia desde la adolescencia, pueden tener una personalidad muy compleja y difícil de definir.

Buscan el reconocimiento como personas sumamente especiales mostrando una apariencia divina, aunque en el fondo esconden a alguien un tanto implacable, insoportable y manipulador.

Carácter. Los piscis son personas emocionales e instintivas más que racionales e intelectuales. Su carácter emocional hace que les tome demasiado tiempo encontrar a la persona ideal, pero al encontrarla se acoplan verdaderamente en el plano sexual y sentimental. Los amoríos y las relaciones rápidas no existen en el lenguaje de los piscis.

Pueden ser los mejores amigos que puedan existir; son dedicados y compasivos.

Paladar. Su identidad se refleja completamente en la mesa; su paladar es bastante dócil, adaptable y sensible. Para un piscis nunca habrá alimento que no le guste, aunque tendrá preferencias como las comidas con especias y los alimentos frescos, sobre todo el pescado.

Necesidades alimentarias. Los mariscos son fatales para su salud debido a que tienden a sufrir de intoxicaciones y alergias. Es importante que destaque el consumo de productos ricos en calcio, vitaminas B y D, como atún, salmón, leche, huevo, cereales integrales, grosella, pera y manzana.

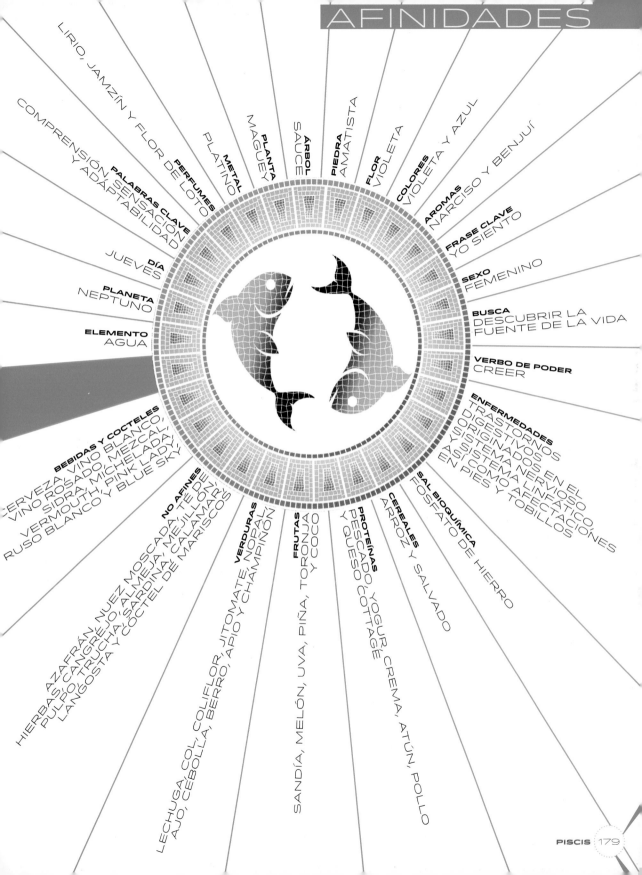

AFINIDADES

PERFUMES
LIRIO, JAMZÍN Y FLOR DE LOTO

METAL
PLATINO

PLANTA
MAGUEY

ÁRBOL
SAUCE

PIEDRA
AMATISTA

FLOR
VIOLETA

COLORES
VIOLETA Y AZUL

AROMAS
NARCISO Y BENJUÍ

FRASE CLAVE
YO SIENTO

PALABRAS CLAVE
COMPRENSIÓN, SENSACIÓN Y ADAPTABILIDAD

DÍA
JUEVES

PLANETA
NEPTUNO

ELEMENTO
AGUA

SEXO
FEMENINO

BUSCA
DESCUBRIR LA FUENTE DE LA VIDA

VERBO DE PODER
CREER

ENFERMEDADES
TRASTORNOS DIGESTIVOS ORIGINADOS EN EL SISTEMA NERVIOSO Y SISTEMA LINFÁTICO, ASÍ COMO AFECCIONES EN PIES Y TOBILLOS

BEBIDAS Y COCTELES
CERVEZA, VINO BLANCO, VINO ROSADO, MEZCAL, SIDRA, MICHELADA, VERMOUTH, PINK LADY, RUSO BLANCO Y BLUE SKY

NO AFINES
AZAFRÁN, NUEZ MOSCADA, TÉ DE HIERBAS, CANGREJO, ALMEJA, MEJILLÓN, PULPO, TRUCHA, SARDINA, CALAMAR, LANGOSTA Y COCTEL DE MARISCOS

VERDURAS
LECHUGA, COL, COLIFLOR, JITOMATE, NOPAL, AJO, CEBOLLA, BERRO, APIO Y CHAMPIÑÓN

FRUTAS
SANDÍA, MELÓN, UVA, PIÑA, TORONJA Y COCO

PROTEÍNAS
PESCADO, YOGUR, CREMA, ATÚN, POLLO Y QUESO COTTAGE

CEREALES
ARROZ Y SALVADO

SAL BIOQUÍMICA
FOSFATO DE HIERRO

TOURNEDO
DE ATÚN

INGREDIENTES

CEBOLLAS AL VINO TINTO
- 6 cucharadas de azúcar refinada
- 2 cebollas moradas fileteadas
- ¾ de taza de vino tinto
- 2 cucharadas de mantequilla

SALSA SABAYÓN
- 90 g de mantequilla
- 2 yemas
- 1 taza de jugo de naranja
- 3½ cucharadas de vinagre de arroz
- sal al gusto

TOURNEDO DE ATÚN
- 4 piezas de lomo de atún
- 4 cucharadas de aceite de oliva
- 1 receta de guacamole (ver pág. 189)
- c/s de totopos de maíz para decorar
- 4 jitomates *cherry* para decorar
- 4 chiles serranos para decorar
- sal y pimienta negra molida, al gusto

PROCEDIMIENTO

CEBOLLAS AL VINO TINTO
1. Ponga sobre fuego medio un sartén grande con el azúcar y muévala constantemente; cuando se comience a transformar en caramelo, incorpórele la cebolla y mezcle bien. Vierta poco a poco el vino tinto y deje que se evapore casi por completo.
2. Retire la preparación del fuego cuando adquiera una consistencia de caramelo, añada la mantequilla, mezcle para incorporar los ingredientes y deje enfriar la preparación.

SALSA SABAYÓN
1. Derrita la mantequilla durante algunos segundos en el microondas y resérvela.
2. Bata las yemas en un tazón grande con una batidora manual. Cuando formen un listón al alzarlas, añádales poco a poco la mantequilla para obtener una emulsión.
3. Añada poco a poco el jugo de naranja, el vinagre de arroz y por último la sal. Continúe batiendo hasta que todos los ingredientes se fusionen perfectamente. Reserve la salsa.

TOURNEDO DE ATÚN
1. Barnice los lomos de atún con el aceite de oliva y salpiméntelos.
2. Ponga sobre fuego alto un sartén mediano. Cuando esté caliente, ase en él los costados de los lomos de atún para dorarlos, pero sin que se cuezan del todo. Déjelos más tiempo en el sartén si los desea más cocidos.
3. Distribuya la salsa sabayón en el costado de cuatro platos y coloque sobre ésta los lomos de atún.
4. Acompañe el platillo con guacamole, la cebolla al vino tinto y totopos de maíz. Decore con una brocheta de jitomate *cherry* y chile serrano.

ATÚN
EN COSTRA DE TRES CHILES

INGREDIENTES

REDUCCIÓN DE CERVEZA
- 1 cerveza oscura
- 1 cucharada de jugo de limón
- 1 pizca de sal
- 1 pizca de pimienta

ATÚN EN COSTRA DE TRES CHILES
- 9 chiles pasilla sin venas ni semillas
- 9 chiles guajillo sin venas ni semillas
- 2 chiles de árbol secos sin venas ni semillas
- 4 trozos de lomo de atún
- 4 cucharadas de aceite de oliva
- 4 cogollos de lechuga partidos por la mitad
- c/s de germinado de alfalfa para decorar
- c/s de jitomate *cherry* para decorar
- c/s de romero para decorar
- sal al gusto

PROCEDIMIENTO

REDUCCIÓN DE CERVEZA
1. Mezcle en una cacerola la cerveza con el jugo de limón y hiérvala hasta que evapore la mayor parte del líquido y el olor a alcohol desaparezca.
2. Salpimiente la salsa y resérvela.

ATÚN EN COSTRA DE TRES CHILES
1. Muela los chiles en un mortero o molino para café hasta obtener un polvo fino. Revuelque los lomos de atún en el polvo de chiles y añádales un poco de sal.
2. Ponga sobre fuego alto un sartén mediano con el aceite de oliva. Cuando comience a humear, fría en él los lomos de atún para que su superficie se dore, sin que se cuezan en el interior. Deje más tiempo en el sartén si lo desea más cocidos. Retire los lomos de atún y resérvelos. Ase allí mismo las mitades de cogollos de lechuga entre 3 y 5 minutos.
3. Sirva en un plato extendido individual la reducción de cerveza y encima el lomo de atún. Acompañe con la lechuga, el germinado, el jitomate *cherry* y el romero.
4. Acompañe este platillo con un tarro de cerveza oscura.

CORDERO
NUEVA ZELANDA

INGREDIENTES

SALSA DE MENTA
- 2 cucharadas de mantequilla
- ½ taza de zanahoria troceada
- ¼ de cebolla troceada
- ½ taza de poro troceado
- 5 ramas de apio troceadas
- 1 diente de ajo
- 1 kg de huesos de res
- 1 l de vino tinto
- 1 taza de harina de trigo
- 1 taza de puré de tomate
- 2 cucharadas de jugo sazonador
- 1 taza de jalea de menta

CORDERO NUEVA ZELANDA
- 24 coles de Bruselas
- 2 kg de costillas de cordero
- 4 cucharadas de mostaza americana
- ½ taza de aceite de oliva
- sal y pimienta negra molida, al gusto
- c/s de jitomates *cherry* para decorar
- c/s de jalea de menta para decorar
- 4 chiles jalapeños sin venas ni semillas, partidos por la mitad

PROCEDIMIENTO

SALSA DE MENTA
1. Ponga sobre el fuego una olla grande con la mantequilla y sofría en ella las zanahorias, la cebolla, el poro, el apio y el ajo. Añada los huesos de res y continúe la cocción hasta que estos últimos estén completamente dorados.
2. Añada a la olla la harina, el vino tinto y el puré de tomate. Continúe la cocción por 60 minutos o hasta que la salsa espese.
3. Cuele la salsa, agregue el jugo sazonador, la jalea de menta y sal y pimienta al gusto. Continúe mezclando hasta que la salsa se reduzca un poco. Retírela del fuego y resérvela.

CORDERO NUEVA ZELANDA
1. Hierva en suficiente agua con sal las coles de Bruselas durante 10 minutos o hasta que estén cocidas. Resérvelas.
2. Unte las costillas de cordero con la mostaza y salpimiéntelas.
3. Ponga sobre fuego medio-alto un sartén con el aceite y fría en él las costillas durante 10 minutos o hasta que estén doradas. Resérvelas.
4. Inserte una brocheta y una col de Bruselas a través de cada costilla.
5. Sirva las brochetas de cordero y coles de Bruselas en platos alargados y decórelas con los jitomates *cherry*. Sirva un poco de jalea de menta en los chiles jalapeños, póngalos sobre los platos y salsee la preparación con la salsa de menta.

HUACHINANGO
CON VERDURAS AL GRILL

INGREDIENTES

- 4 filetes de huachinango
- 4 cucharadas de aceite de maíz
- 1 manojo de hojas de espinacas blanqueadas
- 1 receta de puré de papa (ver pág.190)
- 1 receta de salsa talla (ver pág. 42)
- 1 receta de verduras al grill (ver pág.191)
- sal y pimienta negra recién molida
- c/s de aros de cebolla asados para decorar

PROCEDIMIENTO

1. Salpimiente los filetes de huachinango. Ponga sobre fuego medio-alto un sartén mediano con el aceite y fría en él los filetes durante 3 minutos por cada lado, o durante más tiempo si los desea más cocidos.
2. Coloque en un plato extendido individual la cama de espinacas blanqueadas, encima el puré de papa y finalmente el filete de huachinango, bañe con la salsa talla. Acompañe el filete con las verduras al grill y decore con los aros de cebolla asada.

CORAZÓN DE CHOCOLATE
CON SALSA DE FRUTOS ROJOS

INGREDIENTES

SALSA DE FRUTOS ROJOS
- 25 g de mantequilla
- 50 g de azúcar
- 150 g de fresa cortada en cubos
- 125 g de frambuesa
- 1 cucharada de brandy
- ¼ de taza de jugo de naranja

CORAZÓN DE CHOCOLATE
- 250 g de chocolate amargo troceado
- 50 g de mantequilla cortada en cubos + c/s para engrasar
- 100 g de harina de trigo + c/s para enharinar
- 4 huevos
- 20 g de azúcar
- c/s de hojas de menta para decorar

PROCEDIMIENTO

SALSA DE FRUTOS ROJOS
1. Ponga sobre el fuego un sartén con la mantequilla, el azúcar y los frutos rojos. Retírelo del fuego cuando la mantequilla se haya derretido.
2. Vierta el brandy al sartén y acérquelo al fuego para flamear la preparación. Deje que el fuego se apague y vierta el jugo de naranja. Cocine por 5 minutos más y deje enfriar.

CORAZÓN DE CHOCOLATE
1. Coloque en un tazón el chocolate junto con la mantequilla y derrita ambos ingredientes a baño María; mézclelos hasta que se integren bien.
2. Añada la harina, los huevos y el azúcar. Mezcle nuevamente la preparación hasta obtener una mezcla homogénea. Retírela del baño María y resérvela.
3. Precaliente el horno a 200 °C.
4. Engrase con la mantequilla y enharine moldes individuales de aluminio para panqués. Vierta en ellos la mezcla anterior hasta llenar ¾ partes de su capacidad. Hornee los pasteles de chocolate durante 10 minutos o hasta que suban.
5. Sirva en un plato extendido un espejo de salsa de frutos rojos y encima de éste el corazón de chocolate. Decore con las hojas de menta.

RECETAS COMPLEMENTARIAS

CALDO DE PESCADO

INGREDIENTES

- 1.5 l de agua
- 500 g de huesos de pescado
- ½ cebolla mediana
- 1 diente de ajo
- 1 ramillete de hierbas de olor
- sal al gusto

PROCEDIMIENTO

1. Ponga sobre fuego medio una olla con el agua, los huesos de pescado, la cebolla, el ajo y las hierbas de olor. Deje que la preparación hierva durante 20 minutos y retírela del fuego.
2. Cuele el caldo y añádale sal al gusto.

CEBOLLITAS CHAMULADAS

INGREDIENTES

- 6 cucharadas de pasitas
- 1 cucharada de aceite de oliva
- 1 manojo de cebollas cambray
- sal al gusto

PROCEDIMIENTO

1. Hierva las pasitas en 2 tazas de agua durante 10 minutos. Cuélelas y lícuelas con ¾ partes del líquido donde las hirvió.
2. Ponga sobre el fuego una cacerola pequeña con el aceite y sofría las cebollas durante 5 minutos. Añada el molido de pasitas, deje que reduzca la preparación y añada al final sal al gusto.

CHIPS DE CAMOTE Y PLÁTANO

INGREDIENTES

- 1 camote amarillo
- 1 plátano macho
- c/s de aceite para freír
- sal al gusto

PROCEDIMIENTO

1. Corte el camote y el plátano macho en rebanadas muy delgadas a lo largo.
2. Ponga sobre fuego medio-alto un cazo con el aceite y fría las rebanadas de camote hasta que estén crujientes. Trasládelas a un plato con papel absorbente y espolvoréeles sal.
3. Repita el paso anterior con las rebanadas de plátano.

CREMA MONTADA

INGREDIENTES

- 750 ml de crema para batir fría
- 100 g de azúcar refinada

PROCEDIMIENTO

1. Coloque la crema para batir en el tazón de la batidora y bátala con el batidor globo mientras agrega el azúcar. Continúe batiendo hasta que la crema comience a espesarse y duplique su tamaño inicial. Reserve la crema tapada y en refrigeración.

FONDO DE PESCADO

INGREDIENTES

- 150 g de huesos de robalo
- 1 zanahorias
- 1 rama de apio, troceada
- 1 cebolla, troceada
- 1 diente de ajo
- ½ poro troceado
- 1 hoja de laurel

PROCEDIMIENTO

1. Coloque en una olla grande todos los ingredientes y cúbralos con agua. Ponga la olla sobre fuego bajo y deje hervir el fondo durante 1 hora.
2. Retire el caldo del fuego, cuélelo y déjelo enfriar.

GUACAMOLE

INGREDIENTES

- 3 aguacates
- ¼ de cebolla
- 3 chiles serranos sin semillas ni venas
- 2 jitomates
- 3 ramas de cilantro
- el jugo de 2 limones
- sal al gusto

PROCEDIMIENTO

1. Corte los aguacates por la mitad, deseche la semilla, retire la pulpa con una cuchara y colóquela en un tazón mediano.
2. Pique la cebolla, los chiles, los jitomates y el cilantro; mézclelos con la pulpa de aguacate, el jugo de limón y sal al gusto hasta obtener un puré.

HOJUELAS DE BETABEL

INGREDIENTES

- 1 betabel
- ¼ de taza de aceite de oliva
- sal al gusto

PROCEDIMIENTO

1. Precaliente el horno a 160 °C.
2. Pele el betabel y córtelo en rodajas muy delgadas con ayuda de una mandolina. Barnícelas con un poco de aceite de oliva y distribúyalas en una charola para hornear con papel antiadherente.
3. Hornee las rodajas de betabel durante 15 minutos aproximadamente o hasta que tengan una consistencia dorada. Retírelas del horno, espolvoréeles sal y déjelas enfriar.

MANTEQUILLA BRANDY

INGREDIENTES

- 500 g de mantequilla a temperatura ambiente
- 1 cucharada de jugo sazonador
- 1 cucharada de salsa inglesa
- 1½ cucharadas de brandy
- ½ cucharada de sal
- 1 rama de perejil chino, picado
- ½ diente de ajo, picado
- 1 cucharada de mostaza de Dijon

PROCEDIMIENTO

1. Mezcle en un recipiente hondo la mantequilla con el jugo sazonador, la salsa inglesa, el brandy, la sal, el perejil, el ajo y la mostaza hasta integrar todos los ingredientes. Refrigérela.

MELAZA DE BALSÁMICO

INGREDIENTES

- ½ taza de vinagre balsámico
- 100 g de azúcar

PROCEDIMIENTO

1. Ponga sobre fuego medio una cacerola mediana con el vinagre balsámico y el azúcar. Mezcle ambos ingredientes con una cuchara de madera y déjelos sobre el fuego durante 20 minutos o hasta que la preparación tenga una consistencia de miel. Retire la melaza del fuego, cuélela y déjela enfriar.

PURÉ DE PAPA

INGREDIENTES

- 5 papas blancas
- 125 ml de crema ácida
- 45 g de mantequilla
- 250 g de queso de cabra
- 1 yema
- 1 pizca de nuez moscada
- 1 cucharadita de pimienta blanca molida
- sal al gusto

PROCEDIMIENTO

1. Pele las papas, colóquelas en una cacerola y cúbralas con agua. Añádales sal y coloque la cacerola sobre el fuego. Deje que las papas hiervan durante 30 minutos o hasta que estén cocidas.
2. Escurra las papas y colóquelas aún calientes en un tazón mediano con la crema, la mantequilla, el queso de cabra, la yema, la nuez moscada, la pimienta y sal al gusto. Machaque todos los ingredientes con un aplastador de frijoles hasta formar un puré firme y espeso.

SALSA DE SOYA CREMOSA

INGREDIENTES

- 3 tazas de crema ácida
- ½ taza de salsa de soya

PROCEDIMIENTO

1. Ponga sobre fuego medio una cacerola con la crema y la salsa de soya. Mezcle hasta que ambos ingredientes se incorporen y déjelos cocinar por 5 minutos o hasta que la salsa esté espesa. Retírela del fuego y resérvela.

SALSA DE TRES CHILES

INGREDIENTES

- 5 chiles guajillo sin semillas ni venas
- 5 chiles pasilla sin semillas ni venas
- 3 chiles de árbol sin semillas ni venas
- 2 jitomates medianos
- ¼ de cebolla
- ½ diente de ajo
- 2 cucharadas de mermelada de chabacano
- sal y pimienta negra molida, al gusto

PROCEDIMIENTO

1. Ase los chiles en un comal hasta que estén ligeramente tostados, pero no quemados. Sumérjalos en un tazón con agua caliente y déjelos reposar durante 10 minutos. Escúrralos y resérvelos.
2. Hierva en una cacerola con suficiente agua los jitomates, la cebolla y el ajo durante 15 minutos. Escurra los ingredientes y licuelos con los chiles. Cuele la salsa y hiérvala en una cacerola a fuego medio durante un par de minutos. Agregue la mermelada de chabacano, déjela sobre el fuego 5 minutos más y salpimiente al gusto. Añada agua si la salsa estuviera muy espesa y resérvela.

SALSA GRAVY

INGREDIENTES

- 2 cucharadas de mantequilla
- ½ taza de zanahoria troceada
- ¼ de cebolla troceada
- ½ taza de poro troceado
- 2 ramas de apio troceadas
- 1 diente de ajo
- 1 kg de huesos de res
- 1 taza de harina de trigo
- 1 l de vino tinto
- 1 taza de puré de tomate
- 5 cucharadas de jugo sazonador

PROCEDIMIENTO

1. Ponga sobre fuego medio una olla grande con la mantequilla y sofría en ella las zanahorias, la cebolla, el poro, el apio y el ajo durante un par de minutos. Añada los huesos de res y continúe la cocción hasta que estén completamente dorados.
2. Añada a la olla la harina, el vino tinto y el puré de tomate. Continúe la cocción entre 10 y 20 minutos o hasta que la salsa se espese.
3. Cuele la salsa y agregue el jugo sazonador; salpimiéntela y retírela del fuego.

SALSA POMODORO

INGREDIENTES

- 1 cucharada de aceite
- 1 cebolla picada
- 250 g de zanahorias picadas
- 4 ramas de apio picadas
- 1 diente de ajo picado
- 1 kg de jitomate troceado
- ½ cucharada de pimienta negra molida
- 4 ramas de albahaca
- sal al gusto

PROCEDIMIENTO

1. Ponga sobre fuego medio una cacerola con el aceite y fría en él la cebolla, las zanahorias, el apio y el ajo durante 10 minutos.
2. Licue los jitomates e incorpórelos al sofrito de cebolla. Deje que la salsa se cueza, moviéndola ocasionalmente, durante 30 minutos o hasta que la mayor parte del líquido se haya evaporado.
3. Añada las ramas de albahaca a la salsa y déjela cocinar durante 2 minutos más. Retire las ramas de albahaca, añádale sal y retire la salsa del fuego.

TALLARINES GUAJILLO

INGREDIENTES

- 8 chiles guajillo sin semillas ni venas
- 1 kg de harina de trigo
- 750 g de huevo
- 1 cucharadita de sal fina
- 1 cucharada de aceite de oliva

PROCEDIMIENTO

1. Hidrate los chiles guajillo en suficiente agua caliente durante 15 minutos. Cuélelos y lícuelos hasta obtener una pasta espesa.
2. Mezcle en un tazón mediano la harina con los huevos, el molido de chile guajillo, la sal y el aceite hasta obtener una pasta homogénea y suave; déjela reposar durante 1 hora como mínimo.
3. Aplane la masa con un rodillo, lo más delgado posible. Enróllela sobre sí misma y córtela en tiras muy delgadas.
4. Ponga sobre el fuego una olla con suficiente agua para sumergir la pasta. Cuando hierva, añádale un poco de sal y cueza en ella la pasta durante 3 minutos o hasta que esté al dente; es decir, suave por fuera pero firme por dentro. Cuele la pasta y consérvela en un recipiente.

TIRAS FRITAS DE TORTILLA AZUL

INGREDIENTES

- 2 tortillas de maíz azul
- c/s de aceite de maíz
- sal al gusto

PROCEDIMIENTO

1. Corte las tortillas en tiras largas y delgadas y fríalas en el aceite caliente hasta que estén crujientes.
2. Colóquelas en un plato con papel absorbente y espolvoréeles sal al gusto.

TOSTADAS FRITAS DE MAÍZ AZUL Y BLANCO

INGREDIENTES

- 2 tortillas de maíz blanco
- 2 tortillas de maíz azul
- c/s de aceite de maíz
- sal al gusto

PROCEDIMIENTO

1. Obtenga de los dos tipos de tortillas figuras circulares o de la forma que desee con ayuda de un cortador de galletas. Fría las tortillas en el aceite caliente hasta que estén crujientes.
2. Colóquelas en un plato con papel absorbente y espolvoréeles sal al gusto.

VERDURAS AL GRILL

INGREDIENTES

- 1 berenjena cortada en rebanadas a lo largo
- 1 pimiento verde sin semillas ni venas, cortado en 4
- 1 pimiento rojo sin semillas ni venas, cortado en 4
- 1 pimiento amarillo sin semillas ni venas, cortado en 4
- 1 cucharadita de orégano
- 1 cucharadita de aceite de oliva
- 2 cucharadas de vinagre balsámico
- sal y pimienta negra molida, al gusto

PROCEDIMIENTO

1. Caliente una parrilla a fuego alto. Salpimiente las verduras y áselas durante 3 minutos por cada lado como mínimo.
2. Coloque las verduras en un tazón y añádales el orégano, el aceite de oliva y el vinagre balsámico. Mezcle perfectamente y resérvelas hasta su utilización.

ÍNDICE DE RECETAS